Célestin IKAKALA BONYANGA

Pertinence du recours à la notion de dignité dans la demande d'euthanasie

Célestin IKAKALA BONYANGA

Pertinence du recours à la notion de dignité dans la demande d'euthanasie

Éditions Croix du Salut

Imprint
Any brand names and product names mentioned in this book are subject to trademark, brand or patent protection and are trademarks or registered trademarks of their respective holders. The use of brand names, product names, common names, trade names, product descriptions etc. even without a particular marking in this work is in no way to be construed to mean that such names may be regarded as unrestricted in respect of trademark and brand protection legislation and could thus be used by anyone.

Cover image: www.ingimage.com

Publisher:
Éditions Croix du Salut
is a trademark of
Dodo Books Indian Ocean Ltd., member of the OmniScriptum S.R.L Publishing group
str. A.Russo 15, of. 61, Chisinau-2068, Republic of Moldova Europe
Printed at: see last page
ISBN: 978-620-3-84259-3

LES ABREVIATIONS

ADMD : Association pour le droit de mourir dans la dignité

CFCEE : Commission fédérale de contrôle et d'évaluation de l'euthanasie

GNEDS : Groupe d'éthique à Nantes dans le domaine de la santé

MSSQ : ministère de la Santé et des services sociaux au Québec

OMS : Organisation mondiale de la santé

SAFAP : Société française d'accompagnement et de soins palliatifs

INTRODUCTION GENERALE

Dans la société moderne, dominée par la question de la liberté et de l'autonomie, certains choisissent de mourir dans la dignité en demandant l'euthanasie. Cela est dû au progrès technique, d'une part, et d'autre part, à la mentalité contemporaine hostile à la souffrance, certains considérant la mort naturelle comme une réalité à supprimer.

Le problème de l'euthanasie est une réalité et une question qui se pose avec acuité. Elle devient un fait social qui ne laisse personne indifférent à cause de son évolution ; elle fait maintenant partie d'un imaginaire collectif. Cependant la mort, même quand elle est volontairement provoquée, reste source d'une grande souffrance pour les acteurs concernés (soignants et famille). Les différents moyens empruntés posent également des questions angoissantes. Que faut-il faire ? Comment faire ? Peut-on (se) tuer ?

Pourquoi traiter de ce sujet ? En tant qu'Africain, il était choquant pour moi d'entendre pour la première fois le mot *euthanasie* et d'être confronté à sa pratique dans la société européenne. Le mot euthanasie provoque en moi des sentiments très contrastés : à la fois un choc et un sentiment de fascination. Choc parce qu'il touche à la vie humaine ; ce qui, chez nous en Afrique, est une chose grave, car la vie est sacrée. L'euthanasie semble donc désobéir au repère de l'interdiction de tuer. Fascination, parce que, malgré son caractère choquant, l'euthanasie active a obtenu sa dépénalisation dans certains pays comme la Colombie, la Belgique, les Pays Bas et le Luxembourg.

L'objectif de l'euthanasie est d'obtenir une mort dans la *dignité* en mettant fin à la souffrance. Le mot et la notion de *dignité* sont donc au centre de la pratique de l'euthanasie. Or, le choc et la fascination ne vont pas m'aider pour appréhender une question aussi grave et sensible que celle de l'euthanasie. C'est pourquoi, j'ai voulu d'abord comprendre le sens de la notion de *dignité* qui me paraît contrastée dans le contexte de l'euthanasie. Contrasté parce que la dignité est utilisée pour soutenir la demande de l'euthanasie, mais aussi elle est mise en avant pour parler des enjeux éthiques des soins palliatifs. Donc, au nom de la dignité, certains justifient l'euthanasie et d'autres, au nom de ce même concept, la refusent pour proposer un autre accompagnement de la fin de vie. Il y a donc deux « doctrines », concernant la dignité. La première place la dignité dans l'individu lui-même comme maître de sa vie : ici, la dignité est identifiée à l'autonomie de la personne. La seconde doctrine relie la dignité humaine à la valeur absolue, intangible, inaliénable de la vie humaine : depuis sa conception, l'être humain est un être digne : la dignité fait que la personne est reconnue quelle que soit sa maladie.

Les deux sens de la dignité humaine sont très riches : ils se rattachent aux significations que chaque usage du terme donne à la vie de l'être humain et à sa mort. Mais le concept n'est-il pas abusif quand on l'applique à l'euthanasie ? Peut-il y avoir une mort digne ? Est-il pertinent d'utiliser le concept de *dignité* pour justifier une demande de l'euthanasie ?

Notre travail sera subdivisé en quatre chapitres. Le premier sera centré sur l'intérêt de la question, une approche définitionnelle. Il sera question d'éclaircir un vocabulaire parfois complexe et de mettre au jour la situation exacte d'une pratique d'euthanasie en Belgique (nombre, étiologie, localisation, etc.).

Dans le deuxième chapitre, nous aborderons la conception de la dignité dans la pensée de Jacques Ricot. Nous avons choisi de travailler avec Jacques Ricot, un philosophe éthicien français, parce que, dans un contexte français et dans la littérature, il est un des auteurs qui a le plus parlé de la question de la dignité en lien avec l'euthanasie et les soins palliatifs ; en même temps, il s'est investi dans les débats français relatifs à une volonté de dépénalisation de l'euthanasie.

Le troisième chapitre abordera l'approche théologique de la dignité par Hubert Doucet. Nous l'avons choisi parce que dans un contexte très difficile de l'Amérique du Nord, Doucet a proposé une réflexion théologique relative à l'euthanasie lorsque cette dernière était réfléchie dans le cadre d'une volonté de législation.

Le quatrième chapitre laissera place à une ouverture critique inscrite dans des réflexions plus personnelles ; comment j'appréhende la notion de dignité au terme de ce parcours ? Nous terminons par une conclusion générale.

CHAPITRE 1. INTERET POUR LA QUESTION

INTRODUCTION

La question de la dignité de l'homme dans le contexte de fin de vie ne peut pas se comprendre sans commencer par définir le concept « euthanasie ».

Notre travail n'est pas de faire un plaidoyer pour ou contre l'euthanasie, mais de préciser de quoi l'on parle quand on utilise le mot euthanasie. Les enquêtes montrent qu'il y a un problème dans l'usage du mot euthanasie, car on en donne plusieurs définitions. À la fin de nos investigations, nous proposerons notre définition.

C'est pourquoi, dans ce premier chapitre, nous proposons de parcourir les différentes significations du concept d'euthanasie au cours de l'histoire et dans l'usage du monde contemporain.

1.1. APPROCHE CONCEPTUELLE

On comprend le plus souvent aujourd'hui que l'euthanasie « met un terme à une existence dans le but de supprimer la souffrance »[1]. Mais cette définition commune ne coïncide pas avec l'étymologie du mot.

Dans les informations données sur la mort d'Auguste, *Suétone* disait : « puisqu'il est décédé dans les bras de la femme aimée, il est mort à la suite d'une euthanasie »[2]. Dans ce sens, l'euthanasie est considérée comme une mort dans les bras de la femme que l'on aime, sans une longue agonie ni douleur. Cette conception est loin du sens moderne.

Francis Bacon a créé ce mot en 1608 « Euthanasie employée pour la première fois par Bacon, est formée de deux mots grecs : « *eu* = bon et *thanatos*= mort »[3].

---

[1] J. RICOT, *Éthique du soin ultime*, Paris, ENSP, 2003, p. 47.

[2] J. RICOT, *Éthique du soin ultime, p. 52.*

[3] H. DOUCET, *La mort médicale est-ce humain*?, Montréal, Médiaspaul, 2015, p. 27.

L'euthanasie est donc la bonne mort, la mort apaisée, la mort douce. La bonne mort pour lui, n'est pas la mort volontaire provoquée d'une personne à sa demande, mais le fait de mourir de manière apaisée grâce aux soins. Cependant, la vraie signification du concept chez Bacon ne fait pas l'unanimité. Dès le départ, il y a un problème herméneutique et épistémologique : « les uns y voient le sens de hâter la mort et les autres considèrent que Bacon l'utilise au sens des soins palliatifs contemporains »[4].

Cette conception de l'euthanasie proche des soins palliatifs demeurera jusqu'à la fin du XIXe siècle. Bacon illustre cette conception de l'euthanasie, car il condamne la méthode qui consiste à accélérer volontairement la mort. Donc, ce qui est mis en cause ici, ce n'est pas seulement le moyen utilisé pour causer la mort, mais l'intention de provoquer la mort. Nous pouvons dire que jusqu'à la fin du XIXème siècle, l'euthanasie est toujours considérée comme une mort douce, qui permet de mourir dans les bras de la femme qu'on aime, comme pour l'empereur Auguste[5]. Même chez Bacon le fondateur du concept, la conception de l'euthanasie est toujours éloignée de celle du monde contemporain.

Le concept est piégé du fait que certains utilisent le mot euthanasie dans le sens d'arrêt de traitement, de non-réanimation, de sédation. C'est là, une compréhension passive du terme.

> *Euthanasie a un sens actif du mot. C'est pourquoi, pour rendre le concept plus clair, pendant un temps au Canada, il a été demandé de remplacer « euthanasie » par « interruption de traitement ». Et ce n'est que tout récemment en France que l'expression euthanasie passive a été retirée du vocabulaire et que l'arrêt de traitement a été reconnu comme une bonne pratique médicale*[6].

Le XXe siècle créera une nouvelle signification qui réunira l'ancienne conception et la nouvelle au point que la nouvelle finira par prendre la place. Désormais,

---

[4] H. DOUCET, *La mort médicale est-ce humain?,* p. 27.
[5] Cf. J. RICOT, *Éthique du soin ultime*, p. 49.
[6] H. DOUCET, *La mort médicale est-ce humain*?, p. 26.

l'euthanasie n'est plus seulement le fait de vivre une mort apaisée, c'est d'abord le fait que la vie soit abrégée par autrui. De nos jours en effet, l'euthanasie est autrement définie comme : « l'acte qui consiste à provoquer intentionnellement la mort d'autrui pour mettre fin à ses souffrances »[7].

La Congrégation vaticane pour la doctrine de la foi la définit ainsi : « par euthanasie, nous entendons une action ou une omission qui, de soi ou dans l'intention, donne la mort afin de supprimer ainsi toute douleur »[8].

Le concept est donc manipulable. Ainsi, dans les législations qui ont dépénalisé l'euthanasie, pour ne citer que l'exemple de la Belgique, on donne un nouveau sens à la définition en ajoutant l'idée de « volontaire ». Selon la loi belge, l'euthanasie est « l'acte provoqué par un tiers, qui met intentionnellement fin à la vie d'une personne à la demande de celle-ci »[9]. Dans cette nouvelle définition qui inclut « à sa demande », l'accent est mis sur la volonté ou le consentement du demandeur.

1.2. UNE QUESTION DE VOCABULAIRE

A l'intérieur même du concept euthanasie, il y a une opposition entre deux doctrines. La première doctrine soutient que faire mourir une personne malade, n'est qu'un moyen de donner une mort douce au sens étymologique, un moyen nouveau qui s'ajoute aux moyens traditionnels. Cette doctrine revendique une continuité du sens étymologique, refusant la nouveauté que représente l'introduction de l'homicide : provoquer volontairement la mort, n'est qu'un moyen du bien mourir, qu'on doit, pour cette raison, nommer euthanasie active.

---

[7] H. DOUCET, *Les promesses du crépuscule. Réflexions sur l'euthanasie et l'aide médicale au suicide*, Québec, Labor et Fides, 1998, p. 17.

[8] CONGREGATION POUR LA DOCTRINE DE LA FOI, « Déclaration sur l'euthanasie », dans *Documentation catholique*, n°1790, 1980, p. 697-700.

[9] *LOI RELATIVE A L'EUTHANASIE du 28 mai 2002*, chapitre 1, art.2, en ligne : www.ieb.org/docus/pdf/ (consulté le 9 mars 2020).

La deuxième doctrine revendique aussi la fidélité à l'étymologie, mais considère que l'introduction de l'homicide comme nouveau moyen détruit de l'intérieur la définition historique de l'euthanasie. Cette doctrine soutient que la mise en œuvre du moyen médical pour supprimer la vie et non pour adoucir les derniers instants, représente une rupture par rapport à la recherche d'une bonne mort. Le même concept ne peut pas désigner d'une part une mauvaise mort c'est-à-dire une mort par homicide et, d'autre part, une bonne mort, une mort accompagnée et soulagée. Plus personne aujourd'hui ne dira avec Suétone que :

> *L'empereur Auguste, puisqu'il est décédé dans les bras de la femme aimée, est mort à la suite d'une euthanasie. Plus personne aujourd'hui ne nommerait euthanasie, à la manière de Bacon, les soins palliatifs. En revanche, tout le monde s'accordera à considérer l'euthanasie comme le geste intentionnel de provoquer la mort dans le but de mettre fin à des souffrances*[10].

Enfin, dans nos sociétés, les représentations de la fin de vie ont changé : « Au bien de jadis, c'est-à-dire mourir en règle avec les prescriptions religieuses et les liens familiaux, nous avons substitué la belle mort, c'est-à-dire celle qui survient sans préalable souffrance. Le refus de la douleur physique mais aussi morale est un des marqueurs de notre temps…La souffrance qui accompagne le processus terminal lui paraît un scandale »[11].

Actuellement, nous en arrivons à distinguer trois types d'euthanasie : l'euthanasie passive, l'euthanasie active directe et l'euthanasie active indirecte.

1.2.1. L'euthanasie passive

Si nous nous réfléchissons « à partir de la signification étymologique l'expression « euthanasie passive » est court-circuitée par le sens moderne »[12], qui met l'intention de provoquer la mort au centre. En effet « l'expression euthanasie

---

[10] J. RICOT, *Éthique du soin ultime*, p. 52.
[11] J. LEONETTI, *C'est ainsi que meurent les hommes*, Paris, Plon, 2015, p. 10.
[12] J. RICOT, *Éthique du soin ultime*, p. 52.

passive est devenue inaudible et incohérente et elle doit être résolument abandonnée »[13].

Cependant, le fait de s'abstenir ou d'arrêter les soins devenus pénibles, ne relève pas nécessairement d'une intention de donner la mort, mais de ce que l'on appelle aujourd'hui le refus de l'obstination déraisonnable. Dans ce cas, nous ne pouvons pas parler d'euthanasie. Mais il y a des situations où l'on peut arrêter le traitement proportionné, avec « l'intention suivie de moyens adaptés de mettre fin aux jours d'une personne en souffrance »[14].

Pour éviter la mauvaise interprétation du concept « euthanasie passive », il est important de préciser que « l'euthanasie n'est pas seulement un acte, elle peut aussi être l'omission d'un acte »[15]. L'expression euthanasie passive doit donc être employée avec prudence parce qu'il y a des omissions de traitement qui viennent d'une intention de donner la mort : « il existe des omissions qui sont euthanasiques et d'autres qui ne le sont pas »[16]. Bref, l'euthanasie passive bien comprise, c'est le fait de s'abstenir de soins disproportionnés.

1.2.2. L'euthanasie active directe

L'euthanasie active directe est un « acte qui consiste à provoquer intentionnellement la mort d'autrui pour mettre fin à ses souffrances »[17]. C'est le geste d'un tiers qui administre un produit à une personne malade, dans le but de provoquer la mort immédiatement. L'euthanasie active directe consiste dans le fait de supprimer la vie pour abolir la souffrance. C'est cette forme d'euthanasie qui concerne notre travail.

---

[13] J. RICOT, *Éthique du soin ultime*, p. 52.
[14] J. RICOT, *Éthique du soin ultime*, p. 53.
[15] J. RICOT, *Éthique du soin ultime*, p. 53.
[16] J. RICOT, *Éthique du soin ultime*, p. 53.
[17] H. Doucet, *Les promesses du crépuscule*, p. 17.

L'euthanasie ne se définit pas seulement par les moyens utilisés, puisqu'il peut s'agir d'euthanasie par action directe comme l'injection létale ou par omission de certains gestes des soins fondamentaux, tels que l'alimentation artificielle même si cette question fait encore débat. En réalité, ce qui définit un geste euthanasique c'est l'intention : « euthanasie se situe donc au niveau des intentions et à celui des procédés employés »[18].

1.2.3. L'euthanasie active indirecte

L'euthanasie active indirecte consiste à lutter contre la douleur et la souffrance sans viser à supprimer la vie. L'euthanasie active indirecte est acceptée si elle est réellement indirecte. Cette logique nous renvoie au principe que l'on appelle *l'acte à double effet.* Cette doctrine nous conduit à la question suivante : est-il licite d'utiliser un moyen d'action dont les résultats seront pour une part des bénéfices et pour une autre part des dommages ? La doctrine de l'acte à double effet estime que cet acte est licite si les effets bénéfiques pèsent plus lourds que les dommages dans la balance de la décision. Ici, l'emploi du concept euthanasie risque d'être ambigu, parce qu'on dit généralement : tant pis si le patient meurt avec l'antidouleur administré à condition que le but que j'ai poursuivi ait été effectivement le soulagement de sa douleur et non pas sa mort[19].

Dans un tel cas, nous ne pouvons appliquer le concept d'euthanasie que pour désigner l'euthanasie active directe. Car, s'abstenir de soins disproportionnés n'a pas le sens strict de tuer et lutter contre la douleur et la souffrance, ce n'est pas, à nos yeux, de l'euthanasie mais des soins palliatifs[20]. Il faut donc clarifier le contenu du mot euthanasie, notamment dans le libellé de la loi belge qui définit

---

[18] CONGREGATION POUR LA DOCTRINE DE LA FOI, Instruction « *Dignitas personnae* » sur certaines questions de bioéthique, 12 décembre 2008, §1.

[19] Cf. D. JACQUEMIN, *Éthique de la vie*, Notes du cours LTHEO2311, Université Catholique de Louvain, 2017-2018.

[20] Cf. D. JACQUEMIN, *Éthique de la vie*, Notes du cours LTHEO2311.

l'euthanasie comme « un acte, pratiqué par un tiers, qui met intentionnellement fin à la vie d'une personne à la demande de celle-ci »[21].

1.2.4. Le suicide assisté

Le suicide assisté est considéré comme « un appel au secours que la victime lance pour qu'on l'aide à modifier son environnement social…il se réfère à une seconde personne (ou, plus rarement, à une institution ou à une autre entité) qui occupe une place centrale dans la vie de celui qui se suicide »[22].

C'est le fait d'aider quelqu'un à se donner volontairement la mort en lui fournissant les moyens nécessaires.

1.2.5. Le meurtre

C'est le fait de donner volontairement la mort à autrui. L'interdit du meurtre est limité dans deux situations appelées états de nécessité : la guerre, la légitime défense. La transgression de l'interdit est rendue nécessaire pour la survie du groupe ou de l'individu.

Dans le cas de l'euthanasie, nous ne pouvons pas faire la lecture de l'état de nécessité de la même façon que dans les situations que nous avons citées, parce que l'euthanasie ne s'identifie ni à la guerre, ni à la légitime défense. Elle n'est pas non plus suicide, même si certains veulent l'identifier au suicide assisté. Elle n'est évidemment pas non plus assimilable à l'avortement.

---

[21] LOI RELATIVE A L'EUTHANASIE du 28 mai 2002, chapitre 1, art.2, en ligne :www.ieb.org/docus/pdf/ (consulté le 9 mars 2020).

[22] M. BATTIN, *Dictionnaire d'éthique et de philosophie morale,* t.2, (dir), Monique Canto-Sperber, Paris, Puf, 1996, p. 1890.

1.3. La situation en Belgique

Nous devons d'abord signaler que « la notion de dignité du malade, par exemple, ainsi que la prise en charge de sa douleur et de sa souffrance sont reconnues depuis 1992 dans le droit belge »[23].

Les premiers travaux sur l'euthanasie sont apparus en 1997, dans la perspective de la légalisation, avec quelques propositions de loi. Parmi ces propositions trouvent place l'interdiction légale du meurtre et la proposition d'euthanasie sous conditions, avec entre autres un contrôle par une commission. Une grande commission rassemblant les experts et non experts, a approfondi la réflexion. Officiellement, c'est en date du 28 mai 2002, que la loi sur la dépénalisation de l'euthanasie a été votée en Belgique.

> *Les critères requis pour répondre favorablement à une demande personnelle d'accélérer son propre décès sont très similaires : la demande doit être expresse et réitérée, autrement dit elle doit s'inscrire dans la durée et être exprimée devant plusieurs médecins ; le malade doit être conscient et lucide lors de sa demande, ou l'avoir rédigée sur papier dans le cas où il serait inconscient. La commission de contrôle intervient finalement a posteriori, c'est-à-dire après la réalisation de l'euthanasie, afin de vérifier le respect du cadre de la loi : dans le cas contraire, elle peut exiger des explications du médecin, voire aller jusqu'au signalement auprès du procureur du roi*[24].

Dans le contexte belge, l'euthanasie comme fait social a connu une progression rapide. Nous allons d'abord apporter une nuance qui nous semble importante par rapport à ce qu'on entend dire : l'euthanasie serait permise en Belgique. Selon la législation belge relative à l'euthanasie, cette législation ne permet pas l'euthanasie, mais envisage plutôt que ses auteurs ne soient pas poursuivis

---

[23] E. Fourneret, *Sommes-nous libres de vouloir mourir* ? « *Euthanasie, suicide assisté : les bonnes questions,* » Paris, Albin-Michel, 2018, p. 68.
[24] E. Fourneret, *Sommes-nous libres de vouloir mourir* ?, p. 69.

pénalement si certaines conditions sont réunies. C'est une dépénalisation et non une autorisation.

Selon le communiqué de presse de la Commission fédérale de Contrôle et d'Évaluation de l'euthanasie en Belgique, cette commission est composée de :

> *Seize membres sont désignés sur base de leurs connaissances et de leur expérience dans les matières qui relèvent de la compétence de la commission. Huit membres sont docteurs en médecine, dont quatre au moins sont professeurs dans une université belge. Quatre membres sont professeurs de droit dans une université belge, ou avocats. Quatre membres sont issus des milieux chargés de la problématique des patients atteints d'une maladie incurable*[25].

Le rapport des euthanasies pratiquées entre le 1er janvier 2019 et le 31 décembre 2019 montre que le nombre « d'euthanasies déclarées a été de 2655. Le nombre d'euthanasie a augmenté de 12,5% par rapport à 2018. La proposition des documents d'enregistrement en français et néerlandais reste stable (77 NL/ 22,7% FR) »[26]. D'après la commission :

> *67,8% des patients étaient âgés de plus de 70 ans et 39,3% avaient plus de 80 ans. L'euthanasie chez les patients de moins de 40 ans reste limitée (1,5%). Ce sont surtout les patients des tranches d'âge 60, 70, 80 ans d'âge qui demandent l'euthanasie (76,3%). Le groupe de patients le plus important concerne la tranche d'âge entre 70 et 79 ans (28,4%). En 2019, une déclaration relative à l'euthanasie d'un mineur a été enregistrée.*
>
> *Le pourcentage du nombre d'euthanasie ayant eu lieu au domicile (43,8%) a diminué, tandis que celles pratiquées à l'hôpital ont augmenté (38,2%). Le nombre d'euthanasies pratiquées dans les maisons de repos et de soins continue d'augmenter (15,9%). Ceci correspond au souhait du patient de terminer sa vie chez lui.*

---

[25] LOI RELATIVE A L'EUTHANASIE, Belgique, 28 Mai 2002, chapitre V, art 6§1.

[26] COMMISSION FEDERALE DE CONTROLE ET D'ÉVALUATION DE L'EUTHANASIE (CFCEE), Belgique, 2020, en ligne : Celene.drappier@sante.belgique.be (consulté le 15.07.2020).

Dans la grande majorité des cas (83,1%), le médecin estimait que le décès des patients était prévisible à brève échéance.

Pour la majorité des patients, plusieurs types de souffrances tant physiques que psychiques (à ne pas confondre avec les affections psychiques) ont été constatés simultanément (82,8%). Ces souffrances étaient toujours la conséquence d'une ou plusieurs affections graves et incurables. 1% des euthanasies concernaient des patients inconscients ayant fait une déclaration anticipée. Les affections à l'origine des euthanasies étaient surtout des tumeurs (cancer) (62,5%), des polypathologies (17, 3%), des maladies de l'appareil respiratoire (3,2%) et des troubles mentaux et du comportement (1,8%)[27].

1.3. 1.Quand y a-t-il euthanasie ?

L'euthanasie comme pratique est définie, rappelons-le, comme « un acte, pratiqué par un tiers, qui met intentionnellement fin à la vie d'une personne à la demande de celle-ci »[28]. Il est clair que l'euthanasie est située d'abord au niveau des intentions, une intention de mettre fin à la vie d'une personne ou de hâter sa mort.

Nous devons retenir trois choses :

- Que l'euthanasie se situe d'abord au niveau de l'intention, celle de mettre fin à la vie d'une personne.
- Il y a aussi la question de la méthode utilisée.
- La demande de la personne. L'absence de demande d'une personne de mettre fin à sa vie exclut le concept d'euthanasie. Dans ce cas, on doit plutôt parler de meurtre.

1.3.2. Les conditions et la procédure[29]

La législation prévoit plusieurs conditions pour qu'un médecin soit assuré qu'il n'est pas en infraction si :

---

[27] COMMISSION FEDERALE DE CONTROLE ET D'ÉVALUATION DE L'EUTHANASIE (CFCEE), Belgique, 3 Mars 2020
[28] LOI RELATIVE A L'EUTHANASIE, chapitre I, art. 2.
[29] D. JACQUEMIN, *Éthique de la vie*, Notes du cours LTHEO2311.

- Le patient est majeur ou mineur émancipé, capable ou encore mineur doté de la capacité de discernement et est conscient au moment de sa demande.

- Le patient fait cette demande de façon volontaire sans pression extérieure, de façon réfléchie et répétée. La décision ne doit pas subir une influence ou l'imposition de son environnement.

- Le patient se trouve dans une situation médicalement extrême, sans issue et fait état d'une souffrance physique ou psychique constante et insupportable qui ne peut être apaisée et qui entraîne le décès à brève échéance, et qui résulte d'une affection accidentelle ou pathologique grave et incurable.

- Le médecin respecte les conditions et procédures prescrites par la présente loi[30].

1.3.3. Les obligations pour le médecin

Pour parler d'euthanasie, le médecin est tenu d'observer les 6 obligations suivantes :

1. Le patient doit être au courant de son état de santé ; dans un dialogue relatif à sa demande d'euthanasie, le médecin doit évoquer d'autres moyens thérapeutiques, comme les soins palliatifs. Il faut que la situation du patient soit sans issue et que sa demande soit vraiment volontaire.

2. La demande réitérée du patient et la souffrance physique ou psychique doivent persister. Dans ce cas, le médecin doit exercer son rôle d'accompagnement et de dialogue pour suivre l'évolution de la demande.

3. Par rapport à la gravité et à l'incurabilité de la maladie, il doit consulter un autre médecin. Celui-ci doit prendre connaissance du dossier médical, et doit s'assurer du caractère insupportable et inapaisable de la souffrance physique ou psychique. Il doit rédiger un rapport concernant ses constatations. Le médecin consulté doit être indépendant, tant à l'égard du patient qu'à l'égard du médecin traitant et être compétent quant à la pathologie concernée. Le médecin traitant informe le patient concernant les résultats de cette consultation.

---

[30] LOI RELATIVE A L'EUTHANASIE, chapitre II, art 3§1.

4. Il doit toujours pouvoir s'entretenir avec l'équipe soignante qui est régulièrement en contact avec le patient.

5. Le médecin doit s'entretenir avec les proches du patient.

6. Le médecin doit donner au patient l'opportunité de s'entretenir avec les gens de son choix[31].

Selon la loi, la demande d'euthanasie doit être actée par écrit[32]. C'est une étape clé dans le processus et dans la vérification de la demande. Le document doit être rédigé, daté et signé par le patient lui-même. Si le patient est dans l'incapacité de le faire, il peut désigner une personne de son choix, qui peut acter par écrit cette demande, mais à condition que cette personne choisie soit majeure et n'ait aucun intérêt matériel à la mort du patient ; elle doit indiquer les raisons qui font que le patient est dans l'incapacité de formuler lui-même sa demande. Dans cette logique, la demande sera actée par écrit en présence du médecin et le nom du médecin doit être mentionné dans le document. Enfin, le document doit être gardé dans le dossier médical[33].

Conclusion partielle

Cette approche définitionnelle du concept « euthanasie » nous a permis de dissiper certaines zones d'ombre et de comprendre son évolution et sa complexité dans l'histoire.

Le concept d'euthanasie a fait objet de plusieurs interprétations et définitions au cours du temps. Cela n'en a pas toujours facilité une bonne compréhension. Finalement, aujourd'hui, l'euthanasie est comprise comme un acte médical qui consiste à provoquer volontairement la mort d'un tiers, suite à sa demande, pour mettre fin à sa souffrance

[31] LOI RELATIVE A L'EUTHANASIE, chapitre II, art. 3§ 2.
[32] Cf. LOI RELATIVE A L'EUTHANASIE, Chapitre II, art. 3§ 4.
[33]Cf. D. JACQUEMIN, *Éthique de la vie*, (à l'usage du cours LTHEO2311), Louvain-la-Neuve, Université catholique de Louvain, Faculté de théologie, 2017-2018, notes de cours.

CHAPITRE 2. LA CONCEPTION DE LA DIGNITE DANS LA PENSEE DE JACQUES RICOT

INTRODUCTION

Dans la Déclaration Universelle des Droits de l'Homme de 1948, il est clairement dit que la personne humaine possède une dignité inhérente à sa nature. Toute personne humaine est née libre et égale en droits et en dignité (1e article). Cependant, le langage moderne nous oblige à une mise au point du concept de dignité qui nous semble complexe à cause de ses différentes significations. Dans ce chapitre, nous allons développer cinq grands points : un éclaircissement du concept de dignité, mourir dans la dignité, la notion de dignité selon Jacques Ricot, l'autonomie en rapport avec la dignité, et les enjeux éthiques dans la pratique de l'euthanasie.

Jacques Ricot

De nationalité française né le 23/10/1945, il a fait une bonne partie de ses études à l'Université de Nantes en France où il a obtenu les licences en philosophie, sociologie et en lettres. Il a un D.E.A de psychologie et est agrégé de philosophie depuis1969.

J. Ricot est professeur honoraire en classe préparatoire, chargé du cours de bioéthique au département de philosophie de l'Université de Nantes. Il est membre du Groupe d'éthique à Nantes dans le domaine de la santé (GNEDS), il travaille avec la Société française d'accompagnement et de soins palliatifs (SFAP). Il a beaucoup contribué à l'analyse du débat éthique sur la question de fin de vie en France. Il est l'auteur de plusieurs publications.

2.1. UN ECLAIRCISSEMENT DU CONCEPT DE DIGNITE.

Le concept de dignité comporte plusieurs significations. Par conséquent, il semble important de les tirer au clair dès le départ afin de donner un sens précis à ce terme dans le cadre d'une approche éthique. De son étymologie latine « *dignitas* », et dans le sens de son correspondant grec « *axioma* », le concept dignité exprime :

> *D'abord une majesté, puis très vite une déférence qui s'attachait aux titulaires d'une charge publique, aux dignitaires qui méritaient des marques d'honneur. La carrière de cette signification se poursuit actuellement. Les responsabilités assumées méritent le respect et ce respect est dû, non à la personne en tant que telle, mais au personnage investi d'une fonction et qu'on appelle un dignitaire*[34].

Cette conception empirique de la dignité a beaucoup évolué et est employée aujourd'hui pour désigner le respect dû à l'être humain.

L'expression « dignité humaine » est souvent utilisée avec une signification très vague. Elle peut être évoquée pour soutenir des revendications contradictoires, comme c'est le cas dans le débat sur l'euthanasie. En effet, tant ceux qui sont en faveur que ceux qui sont contre cette pratique font appel à la dignité humaine. De même, elle est parfois utilisée de manière abusive comme un argument pour justifier une position clinique ou éthique, quelle qu'elle soit.

Toutefois, bien que la notion de dignité comporte plusieurs significations et soit utilisée souvent de manière « abusive », elle reste utile dans sa forme et dans son fond : l'idée de la dignité humaine possède un contenu riche et permet d'englober des raisons aussi disparates que l'exigence du consentement des patients lorsqu'il s'agit d'un traitement, l'interdiction des pratiques discriminatoires et abusives à leur égard. Or, « la dignité n'est pas un attribut abandonné au libre arbitre de chacun car elle nous est donnée en même temps que l'humanité, et cela de manière inconditionnelle »[35].

La dignité rappelle l'exigence de « respect des personnes ». Même si dignité et respect ne s'identifient pas, le respect des personnes n'est que la *conséquence* de leur dignité. En effet, respecter tout être humain « quel que soit son âge, son sexe,

---

[34] J. Ricot, *Éthique du soin ultime*, Paris, ENSP, 2010, p. 33.
[35] J. Ricot, *Philosophie et fin de vie*, Paris, ENSP, 2003, p. 27.

sa santé physique ou mentale, sa religion, sa condition sociale ou son origine ethnique »[36], est précisément reconnaître sa valeur intrinsèque, donc sa dignité. L'idée de dignité précède celle de respect. Cette dignité vise à répondre à la question : pourquoi les personnes doivent-elles être respectées ? Sans doute, parce que « la vie de chaque agent rationnel autonome est une fin en soi douée d'une valeur objective et absolue »[37].

La notion de dignité fait référence à une qualité inséparable de l'*être* même de l'homme. Elle renvoie à une valeur intangible[38]. C'est vrai, mais notons qu'il est question ici de la dignité inhérente et non pas de la *dignité éthique*. La première est une notion *statique*. Elle concerne tout être humain compte tenu de son existence et indépendamment des qualités morales de l'individu en question, « l'être humain, dès lors qu'il est un humain, est un être digne »[39] . La seconde est une notion *dynamique*. Elle ne s'applique pas à l'*être* de la personne, mais à son *agir*, et permet d'affirmer, par exemple, qu'un homme honnête a « plus de dignité » qu'un cambrioleur, au sens où son action est plus digne. Mais c'est la première acception du terme « dignité » qui nous intéresse particulièrement ici.

Dans sa conception prémoderne, la dignité était réduite à la seule qualité sociale : contexte ou responsabilités d'ordre social. Aujourd'hui, « la dignité ontologique, en tant que principe d'humanité, apparaît dans son intangibilité, en position de réguler les autres usages. Autrement dit, on ne pourra se réclamer de la dignité décente ou de la dignité-liberté sans s'abstraire de la dignité ontologique et axiologique »[40].

---

[36] Cf. J. RICOT, *Éthique du soin ultime*, p.41.
[37] J. RICOT, *Philosophie et fin de vie*, p. 26.
[38] Cf. J. RICOT, *Éthique du soin ultime*, p. 36.
[39] J. RICOT, *Éthique du soin ultime*, p. 36.
[40] J. RICOT, *Éthique du soin ultime*, p. 42.

2.1.1. Dignité : un concept polysémique

La volonté de mourir dans la dignité pose quelques difficultés qui viennent du fait que nous donnons des définitions différentes au même mot. En réalité, « il se trouve que, dans la langue commune, le terme possède plusieurs significations et que des glissements sémantiques s'opèrent d'une manière insidieuse, entraînant des conséquences éthiques assez redoutables »[41].

Le concept de dignité a connu une évolution dans l'histoire. Un moment *dignitas* a été définie par Cicéron, au sens de majesté d'une fonction remplie avec honneur par un citoyen, tandis que dans le langage moderne, la dignité désigne la valeur incomparable et absolue de la personne humaine quel que soit son état[42]. La Déclaration des droits de l'homme et du citoyen de 1789 garde encore quelques traces d'une dignité définie comme « une fonction sociale que l'on confie à des dignitaires aux places et emplois publics »[43].

En 1955 avec le Code de déontologie médicale, on en appelle à la dignité professionnelle du médecin, mais on ne parle pas du malade. C'est en 1995, que le même Code fera allusion une seule fois (article 24) à la dignité professionnelle et se réfère à la dignité du malade à trois occasions (articles 2, 10, 38)[44]. C'est dans cette logique qu'on assiste à un changement de signification, la dignité ne sera plus désormais liée à un état social, mais à la valeur intrinsèque de toute personne humaine. C'est cette dernière notion qui est appelée à se construire dans le monde de l'éthique en général et celui de l'éthique médicale en particulier[45].

Bien que ne faisant pas l'unanimité dans le monde contemporain, deux principales conceptions de la dignité sont donc proposées : dignité subjective et dignité objective.

---

[41] J. RICOT, *Éthique du soin ultime*, p. 41.
[42] Cf. J. RICOT, *Éthique du soin ultime*, p. 105.
[43] J. RICOT, *Éthique du soin ultime*, p. 105.
[44] Cf. J. RICOT, *Éthique du soin ultime*, *p.* 106.
[45] Cf. J. RICOT, *Éthique du soin ultime*, p. 106.

2.1.2. La dignité subjective

Dans son sens subjectif, la dignité remet la responsabilité à la personne qui juge : son jugement s'effectue en fonction de ce qu'elle conçoit comme ce qui rend digne son existence. Dès lors, la dignité consiste à déterminer par soi-même les règles morales auxquelles on se soumet ou à se conformer à celles que la conscience dicte. Cette dignité subjective « réside dans la liberté morale de l'être humain et dans la capacité d'agir conformément à ce que lui dicte sa conscience ou sa raison »[46]. La dignité devient donc une valeur donnant sens à l'action et permettant de la justifier. Dans cette perspective, dignité et autonomie s'imbriquent l'une à l'autre. Par exemple, la personne dispose du droit de décider de mettre fin à sa vie, lorsque les conditions de vie, qu'elle juge dignes, ne sont plus possibles. Dans cette conception, « mourir dans la dignité » signifie valoriser le respect du choix du soigné en ce qui concerne son traitement médical et même la manière dont il souhaite mourir. La dignité est fondée sur le respect de l'autonomie de la personne. Elle se comprend donc comme une autodétermination :

> *Elle est purement et simplement identifiée à une convenance personnelle, c'est-à-dire à une liberté que chaque individu peut exercer souverainement. C'est une conception subjectiviste de la dignité puisqu'elle ne se réfère à aucune norme qui surplomberait le jugement privé. Chacun est seul juge de la qualité de sa vie, et par conséquent la dignité ontologique doit céder devant ce principe défini comme un principe de liberté. C'est à chacun de définir la dignité, sans référence à une autre norme que celle qu'il se donne. Autrement dit, aucune norme extérieure n'étant acceptable, toute hétéronomie viendrait contrarier l'autonomie revendiquée*[47].

---

[46] COMMISSION DE L'ETHIQUE DE LA SCIENCE ET DE LA TECHNOLOGIE, *« mourir dans la dignité »*, *Document de réflexion-Mourir dans la dignité. Sept questions su la fin de vie, l'euthanasie et l'aide au suicide*, Québec, 2010, en ligne : https://www.ethique.gouv.qc.ca, (consulté le 23.05.2020).

[47] J. RICOT, *Éthique du soin ultime*, p. 223.

2.1.3. La dignité objective ou ontologique

Du point de vue objectif, la dignité est perçue comme la reconnaissance de la valeur inconditionnelle de la nature humaine. Dans cette conception, la dignité est reconnue comme « absolue : l'être humain possède une dignité du seul fait d'être un humain (notion de droit de l'homme) ou parce qu'il est créé par un Dieu. Étant absolue, aucune condition matérielle ou physique ne peut la diminuer »[48]. Ricot signale à ce propos que « la dignité de l'homme tient à son humanité même…Seul l'être humain est digne » [49] . Cette dignité est ontologique, inaliénable et indépendante de l'évaluation que fait la personne de sa propre condition et aucune condition ne peut la lui soustraire. Dans ce sens :

> *La dignité signifie classiquement que l'être humain est doté d'une valeur inconditionnelle qui jamais ne peut lui être retirée, fût-ce par lui-même. Acceptons ici d'employer le langage technique de la philosophie, car il convient d'être très précis : ce sens peut être qualifié d'ontologique et d'axiologique, ne serait-ce que de façon pédagogique, pour souligner que la dignité étant consubstantielle à l'être humain, elle est intangible et que, loin d'être seulement une propriété intrinsèque, elle est une exigence, un appel, parce qu'elle ne peut pas être sans « attendre » d'être honorée. Si cette définition est acceptée, le respect de la dignité ne peut aucunement être un argument pour mettre fin à la vie d'autrui. Au contraire, cette dignité est inadmissible, inaliénable. Dans le débat qui nous occupe, elle renvoie aussi, et cela est souvent oublié, au fait qu'un homme ne peut donner de sang-froid la mort à un autre homme, fût-ce à la demande de ce dernier, sans déshonorer la dignité de sa propre personne. Cela veut dire que le geste euthanasique perpétré sur autrui demeure toujours une transgression, quel que soit son encadrement juridique, car accepter de donner la mort à la demande d'autrui, c'est assumer une instrumentation ; en langage kantien, c'est oublier que la personne est toujours une fin et jamais seulement un moyen*[50].

---

[48] COMMISSION DE L'ETHIQUE DE LA SCIENCE ET DE LA TECHNOLOGIE, *« mourir dans la dignité »*, p. 4.
[49] J. RICOT, *Éthique du soin ultime*, p. 33.
[50] J. RICOT, *Éthique du soin ultime*, p. 222.

Selon Ricot, « le respect de cette dignité ontologique englobe le respect de la liberté correctement comprise, c'est-à-dire conçue non point comme le droit d'exiger d'autrui qu'il se soumette à toute forme de décisions, mais comme droit absolu à ce que rien ne soit entrepris sur le corps d'une personne sans son consentement »[51].

Les deux significations de la notion de dignité s'opposent et cette opposition fait l'objet de notre problématique. Dans ces approches, la source qui attribue une valeur à la dignité n'est pas la même : il s'agit soit de la personne, soit d'une source extérieure à la personne. Le lieu où se situe la dignité est différent aussi : dans l'évaluation que l'homme fait comme sujet autonome ou dans sa nature « sacrée » d'être humain.

Quand les partisans de la dignité objective évoquent la notion de dignité dans un contexte de fin de vie, le sens des mots utilisés est souvent précis. Cependant, pour ceux qui soutiennent la dignité subjective, il faut distinguer le sens donné aux termes utilisés.

2.2. MOURIR DANS LA DIGNITE

Dans l'expression « mourir dans la dignité », l'objectif est d'obtenir une mort digne en mettant fin à la souffrance. Il faut maintenant définir les critères d'une mort digne. Mourir dans la dignité suppose que soient réunies les conditions relatives au respect de la dignité de la personne.

Déjà en mai 1997, le Comité consultatif de bioéthique de Belgique avait pris acte de divergences irréductibles le conduisant à ne pas pouvoir et ne pas devoir trancher dans un débat où les orientations éthiques et les conceptions de la vie sont si fondamentalement divergentes, partant de la définition de l'euthanasie comme « acte pratiqué par un tiers qui met intentionnellement fin à la vie d'une personne à

[51] J. RICOT, *Éthique du soin ultime*, p. 222.

la demande de celle-ci. Les membres décident de limiter provisoirement leur débat aux cas où la situation du malade est sans issue, et où l'acte est pratiqué par un médecin »[52]. Il est nécessaire au sujet de l'euthanasie de distinguer « deux questions de nature sensiblement différentes : la question proprement éthique de sa légitimité morale, et la question juridique de l'opportunité d'une modification législative à son sujet »[53]. Les membres du Comité et le législateur belge, comme on sait, ont cru devoir choisir la voie de l'assimilation pure et simple de la dignité à la liberté.

Sans retracer l'histoire, « la dignité est une valeur absolue accordée à chaque homme en sa singularité, quelle que soit l'idée qu'autrui ou soi-même se fait de cette dignité »[54]. Dans cette perspective,

> *La dignité mobilisée par les partisans de l'euthanasie revient à en faire un équivalent de la décence, de la bravoure, d'une image de soi inaltérée ou encore de la maîtrise de soi. Si ces attributs viennent à manquer, alors, dit-on, l'euthanasie ou le suicide assisté devraient être rendus possibles par le droit. Mais précisément, mourir dans la dignité signifie ici exactement le contraire de ce qu'on fait dire à l'expression, puisqu'en provoquant la mort d'une personne dont on estime qu'elle a perdu sa dignité, on la conforte dans la dépréciation d'elle-même et l'on nie sa dignité ontologique au nom de l'altération de son image normative définie*[55].

Autrement dit, l'abandon du concept de dignité ontologique, au profit de celui qui la réduit à la liberté, « conduit à une dissolution de la dignité elle-même, ce qui n'est pas un mince paradoxe pour ceux qui réclament un droit à mourir dans la dignité. Il s'agit bel et bien d'un droit à mourir dans la liberté »[56]. Comme la connaissance de la dignité « est inhérente à tous les hommes et celle de leurs droits

---

[52] COMITE CONSULTATIF DE BIOETHIQUE DE BELGIQUE, *« concernant l'opportunité d'un règlement légal de l'euthanasie »,* du mai 1997, Avis n 1, p.1, en ligne : https://www.belgium.be(consulté le 22Mars 2020).
[53] COMITE CONSULTATIF DE BIOETHIQUE DE BELGIQUE, *Avis n 1,* p. 1.
[54] *LA DECLARATION UNIVERSELLE DES DROITS DE L'HOMME de 1948*, voir la note du chapitre 2, p. 27.
[55] J. RICOT, *Philosophie et fin de vie*, p. 42.
[56] J. RICOT, *Éthique du soin ultime*, p. 225-226.

égaux et inaliénables constitue le fondement de la liberté, de la justice et de la paix dans le monde…Non seulement la dignité est clairement distinguée de la liberté, mais encore elle constitue son fondement. Ce n'est donc pas la liberté qui constitue le fondement de la dignité, mais bien la dignité qui constitue le fondement de la liberté »[57].

Après ce parcours où nous avons examiné le concept de dignité dans le débat sur l'euthanasie, nous constatons que, selon Ricot :

> *Seule la dignité, correctement comprise en sa signification ontologique, possède une valeur absolue. L'interdit du meurtre, qu'aucune civilisation n'a intérêt à affaiblir, l'autonomie qu'il ne faut pas confondre avec la libre disposition de soi et la compassion que l'intelligence doit éclairer sont des valeurs qui n'ont pas ce degré d'absoluité. C'est donc en référence à la dignité absolue, et non pas relative, de l'homme que l'on doit refuser la légitimation de l'euthanasie*[58].

2.2.1. Le champ éthique de la dignité

La dignité est aussi une affirmation éthique, née en réaction aux actes dégradants, déshumanisants. Selon Ricot, « la dignité avant d'être une expression de démonstration, est d'abord une proclamation. C'est une affirmation éthique qui naît en réaction à des actes qui nient l'humanité de l'homme »[59]. Dans cette perspective, l'impératif de la dignité surgit lorsque l'homme est gravement offensé, voire nié dans son humanité, ou encore quand on en vient à considérer que sa vie ne vaut pas d'être vécue[60]. Nous pouvons dire avec Ricot que la dignité de la personne humaine n'est pas une caractéristique parmi d'autres, elle ne se déduit pas d'une observation objective ; elle est ce sans quoi l'humanité de l'homme sombrerait corps et âme. La dignité ne se prouve pas, elle ne se démontre pas, elle se déclare[61]. C'est cette logique qui a orienté la Déclaration universelle

---

[57] J. RICOT, *Éthique du soin ultime*, p. 226.
[58] J. RICOT, *Philosophie et fin de vie*, p. 43.
[59] J. RICOT, *Éthique du soin ultime*, p. 107.
[60] Cf. J. RICOT, *Éthique du soin ultime*, p. 107.
[61] Cf. J. RICOT, *Éthique du soin ultime*, p. 107.

des droits de l'homme de 1948, après la guerre, et cela a conduit à la placer sur la liste des trois valeurs considérées comme les droits légaux et inaliénables : la justice, la paix et la liberté. Selon Ricot, dans son rôle moral, la dignité ne peut être ontologique que dans la mesure où :

> *Elle est liée consubstantiellement à la valeur de l'être humain, quel que soit le moment de son parcours de vivant, quelle que soit l'image que l'on se fait de lui-même ou celle qu'il se fait de lui-même. Impossible donc de la restreindre, comme on le fait parfois, à une convenance personnelle. Souvent, c'est ce que nous entendons lorsque l'on défend un droit de mourir dans la dignité ou lorsque des parlementaires déposent des propositions de loi sous cette appellation devenue curieusement synonyme de légalisation de l'euthanasie, sans prendre conscience que la dignité invoquée, réduite à une dimension purement subjectiviste, est déconnectée de son caractère ontologique*[62].

Selon Ricot, un nouveau principe directeur est apparu sur la scène juridique : la dignité du mourant. Cette notion a été introduite notamment dans le nouveau Code de déontologie médicale de 1995. En effet, l'article 38 de ce Code dispose que : « Le médecin doit … assurer par des soins et mesures appropriés la qualité d'une vie qui prend fin, sauvegarder la dignité du malade ». Pourtant, la dignité du mourant n'y est définie nulle part. La notion de dignité humaine appartient à l'ordre des valeurs éthiques ; elle réveille les sentiments les plus humains.

2.3. NOTION DE DIGNITE SELON JACQUES RICOT

Ricot, un philosophe éthicien, aborde la question de la dignité dans le contexte de la France et de ses débats relatifs à une volonté de dépénalisation de l'euthanasie.

Dans son émergence conceptuelle, dans sa philosophie, Kant représente les êtres en deux groupes distincts. Le premier concerne les animaux et le second est réservé aux hommes. Selon Kant, les animaux sont classés dans la catégorie des choses. Cette catégorie dépend entièrement de l'homme. Nous pouvons faire la

---

[62] J. RICOT, *Éthique du soin ultime*, p. 107.

différence « entre ce qui a une dignité et ce qui a un prix. Ce qui a une dignité est de l'ordre du qualitatif et se trouve doté d'une valeur inconditionnelle, incomparable, absolue »[63]. Ce qui a un prix n'entre pas dans la catégorie de l'absolu, mais bien dans la logique relative, de transaction discutable. L'homme n'a pas de prix, donc il possède la dignité : le fait d'être humain est en lui-même une dignité. D'ailleurs, Kant l'explique en ces termes : « agis de telle sorte que tu traites l'humanité aussi bien dans ta propre personne et dans la personne de tout autre toujours en même temps comme une fin, et jamais simplement comme un moyen »[64]. Pour Kant, la dignité est le fait que la personne ne doit jamais être traitée comme un moyen, mais comme une fin en soi. La dignité comporte donc le sentiment de notre valeur intérieure. Comme le montre Ricot, dans le fondement de la métaphysique des mœurs, Kant affirme ceci :

> *Dans le règne des fins, tout a un prix ou une dignité. Ce qui a un prix peut être aussi bien remplacé par quelque chose d'autre à titre d'équivalent : au contraire, ce qui est supérieur à tout prix, ce qui par suite n'admet pas d'équivalent, c'est ce qui a une dignité... Mais ce qui constitue la condition qui seule peut faire que quelque chose est une fin en soi, cela n'a pas seulement une valeur relative, c'est-à-dire un prix, mais une valeur intrinsèque, c'est-à-dire une dignité... Or, la moralité est la condition qui seule peut faire qu'un être raisonnable est une fin en soi ; car il n'est possible que par elle d'être un membre législateur dans le règne des fins. La moralité, ainsi que l'humanité en tant que capable de moralité, c'est donc là ce qui seul a de la dignité*[65].

Afin de réfléchir au problème de l'euthanasie selon Ricot, il importe de s'appuyer sur la conception ontologique de la dignité. Celle-ci se fonde dans la logique de la Déclaration universelle des droits de l'homme du 10 décembre 1948. Il y est stipulé que « tous les êtres humains naissent libres et égaux en dignité et en droit ». La dignité de l'être humain reste intangible, et reste le fondement de certaines valeurs comme la liberté, la justice et la paix. La dignité « renvoie bien à une

---

[63] J. RICOT, *Éthique du soin ultime*, p. 43.
[64] E. KANT, *fondement de la métaphysique des mœurs*, Paris, Delagrave, 1966, p. 150.
[65] E. KANT, *Fondement de la métaphysique des mœurs*, p. 160- 161.

valeur incomparable, absolue, inaliénable, intangible. L'être humain, dès lors qu'il est un humain, est un être digne, quelle que soit la représentation que l'on peut se faire de lui-même, quelle que soit l'idée qu'il peut se faire »[66].

La notion de la dignité est réservée seulement à l'homme, « la dignité de l'homme tient à son humanité même…Seul l'être humain est digne et la dignité est réservée à l'homme »[67]. En réalité, le concept de dignité ne peut pas être utilisé quand il s'agit d'un animal, car c'est seulement chez l'homme qu'il y a la dignité. « L'homme ne peut être traité, soit par un autre soit par lui-même, comme un simple moyen, mais il doit toujours être traité comme étant aussi une fin. C'est précisément en cela que consiste sa dignité (la personnalité), et c'est par là qu'il s'élève au-dessus de tous les autres êtres du monde qui ne sont pas des hommes et peuvent lui servir d'instruments, c'est-à-dire au-dessus de toutes les choses »[68]

De plus Ricot soutient, comme nous l'avons déjà dit, la dignité objective. Il la qualifie de dignité *ontologique* ou axiologique. Cette dignité est liée à notre humanité, « valeur inconditionnelle et incomparable »[69]. Cela veut dire « qu'elle est une exigence qui concerne tout être humain indépendamment de son âge, de son handicap physique ou mental, de sa maladie, de l'idée que les autres se font de lui. Il arrive que certains hommes, dans des situations de détresse et de fragilité, en viennent à perde l'estime d'eux-mêmes et finissent par douter de leur propre dignité, surtout quand elle n'est pas honorée par le regard qu'autrui porte sur elle »[70].

---

[66] J. Ricot, *Éthique du soin ultime*, p. 36.
[67] J. Ricot, *Éthique du soin ultime*, p. 33.
[68] E. Kant, *Fondement de la métaphysique des mœurs*, p. 162.
[69] E. Kant, *Fondement de la métaphysique des mœurs*, p. 162.
[70] J. Ricot, *Éthique du soin ultime*, p. 42.

C'est pourquoi, selon Ricot, « la reconnaissance de la dignité inhérente à tous les membres de la famille humaine et de leurs droits égaux et inaliénables constitue le fondement de la liberté, de la justice et de la paix dans le monde »[71].

La dignité, considérée comme valeur absolue, implique que tout être humain mérite un traitement honorable. Toute attitude, ne respectant pas cette dignité, place la victime et l'agent dans un contexte et un traitement indigne et dégradant. Ainsi, « la dignité de l'être humain, c'est de rester toujours la fin et de ne pas être simplement le moyen, d'un soin, d'une recherche, d'une expérimentation »[72]. La dignité renvoie bien à une valeur incomparable, absolue, inaliénable, intangible. L'être humain, dès lors qu'il est un humain, est un être digne, quelle que soit la représentation que l'on peut se faire de lui, quelle que soit l'idée qu'il peut se faire de lui-même[73]. Dans cette perspective, nous pouvons considérer le respect de la dignité comme le rejet, ou la non-acceptation d'un traitement moins humain, dégradant et humiliant pour la victime et pour celui qui le fait. Ricot affirme :

> *La dignité humaine ainsi entendue n'est pas une qualité que nous possédons par nature comme telle caractéristique physique ou psychique, elle n'est pas une détermination de l'être humain, elle est le signe de son intangibilité, renvoyant à la valeur absolue accordée à la personne humaine en sa singularité, valeur inconditionnelle qui jamais ne peut être perdue. Nul n'a le pouvoir de renoncer à sa dignité car elle ne dépend ni de l'idée que l'on se fait de soi-même, ni du regard posé par autrui. Elle possède un sens axiologique, car elle est un appel, une exigence adressée à soi-même et à autrui afin qu'elle soit honorée en tout homme*[74].

---

[71] J. Ricot, *Éthique du soin ultime*, p. 36.
[72] M. Dupuis, « dignité », dans, L. LEMOINE, E. GAZIAUX et D. MULLER, *Dictionnaire Encyclopédique d'éthique chrétienne*, Paris, Cerf, 2013, p. 595-606.
[73] Cf. J. Ricot, *Éthique du soin ultime*, p. 36.
[74] J. Ricot, *Éthique du soin ultime*, p. 41-42.

2.3.1. La pratique médicale et la notion de dignité

La dimension absolue est donc, dans la conception de Ricot, au centre de la notion de dignité[75]. La dignité n'est pas à concevoir comme une simple propriété de l'être humain, elle est ce qui, en lui, sollicite le respect. Elle est une exigence, un appel. La dignité est un terme axiologique parce qu'elle veut être honorée[76].

La libéralisation de l'euthanasie au nom de la dignité n'est pas légitime pour Ricot qui cite Gilles en ces mots :

> *La vérité oblige à dire que l'ADMD, en intégrant le mot dignité dans son intitulé, porte dans ce faux débat ... sa part de responsabilité. Fonder le combat pour la libération de l'euthanasie sur la dignité n'était sans doute pas une bonne idée, même si cela s'explique historiquement. Lors de la création de cette association, on l'a vu, les pratiques d'acharnement thérapeutique étaient courantes et portaient atteinte à la dignité des mourants, à leur autonomie et à leur liberté. D'où l'emploi de ce mot qui, depuis la condamnation sans équivoque de l'acharnement thérapeutique, n'a plus lieu d'être*[77].

La dignité ne peut être perdue du fait que personne n'a le droit, dans une société civilisée, de dire à un autre, « ta vie ne vaut pas d'être vécue, tu as perdu ta dignité et il est donc normal que tu disparaisses »[78]. En réalité, ce que l'on peut perdre c'est l'estime de soi ou l'obéissance à un principe. Mais le fait de n'être pas à la hauteur d'une norme donnée n'implique en aucun cas la privation de la dignité.

Selon Ricot, il y a deux conditions qui permettent d'interpréter correctement le commandement fait à la médecine de sauver la dignité du mourant. Dans cette logique, la dignité ne se porte pas comme un habit, raison pour laquelle, dans les gestes de soin, y compris dans le soin ultime, on ne peut que l'honorer et non

---

[75] Cf. J. RICOT, *Éthique du soi ultime*, p. 36.
[76] Cf. J. RICOT, *Éthique du soi ultime*, p. 108.
[77] R. G. ANTONOWIZ, *Fin de vie. Vivre ou mourir. Tout savoir sur vos droits*, Barnard Pascuito, l'Archipel, 2007, p.160.
[78] J. RICOT, *Éthique du soin ultime*, p. 108.

l'attribuer ou la refuser[79]. La deuxième condition, le mourant dont il est question qui mérite la dignité, doit être traité avec respect, et non comme une tierce catégorie intermédiaire entre les vivants et les morts. Au lieu de parler de mourant, il est plus juste de parler de vivant qui a peut-être une courte durée d'existence. Bref, c'est une invitation faite à l'équipe de soignants de ne pas exclure le malade de la communauté humaine.

2.3.2. La dignité et la question du suicide

La demande de l'euthanasie est un geste touchant des zones très profondes de ce qui constitue l'être humain dans l'attachement à la vie et dans la solidarité : deux valeurs considérées comme constitutives de l'être humain, sans parler du rapport possible à la transgression et à la culpabilité.

Dans ce contexte, la problématique dégagée est de savoir si l'euthanasie doit être jugée comme un traitement dégradant. Pour Ricot, l'euthanasie est un geste moralement dégradant étant donné que celui qui le pose est réduit à la catégorie d'un simple instrument ; il devient prisonnier d'une demande. Cette demande entraîne donc l'instrumentalisation d'un autre. Dans le geste euthanasique, le tiers est nécessairement présent actif alors que dans le suicide, ce tiers est passif, voire absent. Dans l'euthanasie, le tiers réalisant l'euthanasie, est convoqué par un autre pour commettre un geste homicide, c'est-à-dire la suppression délibérée de la vie. Il y a donc ici atteinte à la dignité de celui qui a accepté de poser ce geste homicide[80].

Par conséquent, se pose la question de savoir si chaque personne a le droit de choisir sa mort. D'après Ricot, cette question comporte deux significations. La première concerne : a-*t-on le droit de se suicider ?* La seconde : *a-t-on le droit de choisir la manière et le moment de mourir* ? Ce n'est pas la même question »[81].

[79] Cf. J. Ricot, *Éthique du soin ultime*, p. 109.
[80] Cf. J. Ricot, *Éthique du soin ultime*, p. 37.
[81] J. Ricot, *Éthique du soin ultime*, p. 38.

Ricot soutient le point de vue selon lequel il n'existe pas un droit au suicide. Cependant, « aussi longtemps qu'existent des personnes auxquelles ma seule personne importe, voire pour certaines, leur est un bienfait, il n'est pas temps et il ne sera jamais temps de me donner la mort »[82].

Nous pouvons dire que « respecter la dignité humaine, c'est accompagner et soulager, c'est continuer une relation et non pas l'interrompre et ainsi honorer la dignité au sens ontologique et axiologique.

2.4. AUTONOMIE EN RAPPORT AVEC LA DIGNITE

Autonomie et dignité permettent de comprendre la relation entre le « patient impuissant » et le médecin. En effet, « évoquer l'autonomie signifie fondamentalement faire référence à la modernité, caractérisée comme une période d'émancipation de l'être humain »[83].

La rencontre de ces deux personnes les introduit dans un nouveau type de relation fondée sur le pacte de confiance. En effet, « Le médecin est celui qui, dans l'alliance qu'il noue avec son patient, s'engage à ne pas lui nuire et à mettre en œuvre tous les moyens pour le bien de son patient. Réciproquement, le patient s'engage à respecter les prescriptions auxquelles il aura consenti »[84].

Ainsi, « la faiblesse de l'un ne le livre pas à la seule toute-puissance de l'autre, le soignant ne doit pas substituer sa volonté à celle du soigné, sa compétence et sa bienveillance rencontrent ici l'autonomie du soigné désireux de maîtriser son destin et de définir les critères de sa propre dignité »[85]. Dans cette logique, « le soignant est alors lié par une éthique de la promesse, celle qui consiste à guérir quand c'est possible, écouter, soulager, accompagner dans tous les cas. Écouter le

---

[82] M. CONCHE, *Confessions d'un philosophe*. Cité par Ricot, *Réponses à André Comte Sponville*, Paris, Albin Michel, 2002, p. 241-242.
[83] E. GAZIAUX, « Autonomie », dans, M. DUPUIS, L. LEMOINE et D. MULLER, *Dictionnaire Encyclopédique d'éthique chrétienne*, p. 233-248.
[84] J. RICOT, *Éthique du soin ultime*, p. 132.
[85] J. RICOT, *Éthique du soin ultime*, p. 23-24.

malade, l'associer aux décisions qui le concernent au premier chef, c'est là respecter son autonomie, au sens authentique »[86].

L'autonomie « est la soumission à une loi rationnelle universalisable. Le contraire de l'autonomie, dans le registre moral, n'est pas la dépendance mais l'hétéronomie, c'est-à-dire la soumission à une autorité extérieure, le maintien dans un état de minorité et de servitude, la privation de liberté »[87].

Dans le langage courant, l'autonomie est souvent considérée comme autodétermination. Celle-ci renvoie au pouvoir de prendre soi-même une décision. « L'autonomie signifie l'obéissance de l'individu à la loi de la raison, loi qu'il trouve en lui-même comme être constitué de raison »[88].

La dimension relationnelle est mise en jeu. Ce faisant, nous distinguons donc l'autonomie fonctionnelle de l'autonomie morale.

2.4.1. Autonomie fonctionnelle

L'autonomie fonctionnelle désigne la capacité d'une personne à accomplir les tâches de la vie quotidienne. Par exemple, se nourrir, se laver, s'habiller, marcher, travailler à la maison, faire la vaisselle, préparer la nourriture, gérer une somme d'argent, etc… La perte de l'autonomie fonctionnelle fait référence à la perte anticipée ou réelle de ses moyens physiques, de sa capacité de vivre à domicile sans une aide extérieure.

2.4.2. Autonomie morale ou autodétermination

Pour Ricot, l'autonomie morale est une valeur sociale[89]. Toutefois, tout homme ne doit pas forcément être autonome ou capable d'autodétermination. Pour un enfant, cette capacité vient progressivement avec son développement. Dans la même

---

[86] J. RICOT, *Philosophie et fin de vie*, p. 25.
[87] J. RICOT, *Philosophie et fin de vie*, p. 25.
[88] E. GAZIAUX, « Autonomie », dans, M. DUPUIS, L. LEMOINE et D. MULLER, *Dictionnaire Encyclopédique d'éthique chrétienne*, p. 233-248.
[89] Cf. J. RICOT, *Ethique du soin ultime*, p. 130.

perspective, un être humain peut se retrouver dans l'incapacité de prendre seul une décision, après une maladie ou un accident qui rendent inaptes ses capacités mentales ou psychologiques. La perte de l'autonomie fonctionnelle peut donc provoquer la perte de l'autonomie morale.

Il s'agit d'articuler la bienveillance du soignant et l'autonomie du soigné. La relation entre les deux devient comme le dit Ricot, un pacte d'amitié : « le soignant est alors lié par une éthique de la promesse, celle qui consiste à guérir quand c'est possible et à écouter, soulager, accompagner dans tous les cas »[90]. Le malade est le premier acteur, il doit être associé à toutes les décisions le concernant.

L'autonomie peut être considérée comme la liberté mais dans un sens très précis. Selon Ricot « l'autonomie est la soumission à une loi rationnelle universalisable. Et le contraire de l'autonomie, dans le registre moral, n'est pas la dépendance mais l'hétéronomie, c'est-à-dire la soumission à une autorité extérieure, le maintien dans un état de minorité et de servitude, la privation de liberté »[91]. Cette autonomie du patient conduit vers un pacte de confiance et dans son autonomie, le soigné doit avoir une attitude rationnelle, sans chercher à instrumentaliser le médecin. Ici, l'autonomie ne veut pas dire que le malade doit donner les ordres au médecin, et que tout ce qui sort de sa bouche est parole d'évangile, à exécuter au nom de sa liberté, avec le risque de remplacer comme le dit Ricot, l'ordonnance du médecin par les ordres du malade.

2.5. Enjeux ethiques

L'euthanasie, définie par la loi belge comme « un acte, pratiqué par un tiers, qui met intentionnellement fin à la vie d'une personne à la demande de celle-ci »[92],

---

[90] J. Ricot, *Philosophie et fin de la vie*, p. 24.
[91] J. Ricot, *Philosophie et fin de la vie*, p. 25.
[92] *Loi relative a l'euthanasie du 28 mai 2002*, chapitre 1, art.2, en ligne: http//www.health.belgium.be (consulté le 22 Mai 2019).

pose un problème éthique grave : il s'agit de faire un choix et de prendre une décision sur une question complexe et difficile, celle de mettre fin à une vie humaine. En d'autres termes, la question éthique se pose du fait qu'il s'agit d'un acte délibéré qui est demandé par un sujet dans une situation de souffrance physique ou psychologique extrême. Plusieurs personnes sont impliquées soit dans le processus de réflexion, soit dans l'accomplissement même de l'acte.

L'euthanasie, faisant partie des sujets d'actualité, reste un phénomène très complexe. Le monde moderne, marqué par le progrès technique, est hostile à la souffrance et considère la mort naturelle comme une réalité à supprimer. Le monde de l'homme moderne est marqué par l'autonomie et la liberté qui donnent à l'homme le pouvoir d'être l'acteur principal de son destin.

Cependant, la mort par euthanasie, demandée volontairement par la personne concernée directement, implique la participation de plusieurs acteurs dans des circonstances précises. La question qui se pose est celle-ci : peut-on mettre fin à la vie d'un patient qui le demande à cause de sa grande souffrance ? Une telle demande est un appel adressé au soignant, pour mettre en œuvre les moyens nécessaires et répondre avec humanité. Accompagner le patient, c'est accepter de dialoguer avec lui et de partager l'humanité avec celui qui préfère en finir avec la vie plutôt que de souffrir. Plusieurs questions sans réponse peuvent se poser au patient et le plongent dans l'angoisse et le sentiment d'échec : la peur d'affronter la mort, de faire souffrir la famille et les amis, le refus de vivre dans la dépendance sous toutes ses dimensions… Elles s'ajoutent aux questions existentielles que toute personne en fin de vie se pose généralement. La souffrance de la personne peut être physique et sociale, elle peut aussi être psychique et spirituelle. C'est à cause de cette souffrance *« sans issue »* de la personne que la loi a créé l'exception dans le code pénal qui est de ne pas inculper le médecin réalisant l'euthanasie.

La demande d'euthanasie d'une personne est en lien avec sa liberté. C'est la personne qui choisit librement la fin de sa vie en toute liberté et autonomie.

Consciente du fait que toutes les solutions ont été envisagées sans succès, la personne tend la main à celui qui peut cheminer avec elle dans sa dernière lutte contre la maladie. Cette solidarité aide à ne pas réduire le médecin ou le soignant à un simple exécutant de la volonté d'un patient. Elle est en lien intrinsèque avec la volonté exprimée de la personne libre et responsable. Il est question d'accueillir et d'accompagner cette personne dans son combat et de cheminer avec elle.

Le choix de l'euthanasie ne se pose pas face à n'importe quelle affection, mais dans le cas d'une maladie incurable grave ou d'un handicap profond provoqué par un accident : « le patient se trouve dans une situation médicale sans issue et fait état d'une souffrance physique ou psychique constante et insupportable qui ne peut être apaisée et qui résulte d'une affection accidentelle ou pathologie grave et incurable »[93]. L'objectif est d'obtenir une mort digne, qui met fin à sa souffrance. Les différents moyens empruntés posent cependant des questions angoissantes. Que faut-il faire ? Comment faire ? Peut-on tuer ?

Pour réaliser l'euthanasie, le discernement qui précède la décision du passage à l'acte implique nécessairement plusieurs personnes qui sont autant de sujets éthiques par leur capacité de décider : l'équipe soignante, les accompagnateurs et l'entourage : « l'euthanasie volontaire ne peut plus alors être pensée comme une décision solitaire sans répercussion sur l'entourage ni même sur l'humanité »[94]

2.5.1. La vulnérabilité comme appel à la responsabilité

Dans un premier temps, nous essaierons d'analyser le moment de la rencontre entre un soignant identifié par sa compétence et un soigné. La vulnérabilité est la relation à l'autre, lisible très directement dans le mot lui-même, et permet d'interroger la similitude de l'autre et les rapports qui rendent possible la vie

---

[93] *LOI RELATIVE A L'EUTHANASIE DU 28 MAI 2002*, chapitre1. art.3, en ligne : https//www.health.belgium.be (consulté le 22 mai 2019).

[94] J. RICOT, *Philosophie et la fin de vie*, p. 39.

morale[95]. Nous sommes en face d'une situation où un homme fait appel à un autre, que cet appel soit explicite ou qu'il soit simplement placé sous le signe d'une attente muette. Le soignant est celui dont la place s'institue au moment où commence sa réponse à cet appel, qui est un appel à l'aide. Apparaît alors la dissymétrie propre à la structure relationnelle de l'acte médical. Nous avons un patient qui se présente dans sa fragilité, avec son statut devant un soignant qui lui présente son problème sous forme d'une plainte avec l'espoir d'une solution.

La demande du patient, son cri et sa fragilité mettent le soignant dans une position de responsabilité. Devant l'impuissance du patient, le soignant se trouve devant la conception Levinassienne, « accueillir la faiblesse n'est pas d'abord un acte de la volonté, le résultat d'un devoir imposé de l'extérieur, c'est le geste d'emblée éthique qui se noue dans la relation à la vulnérabilité d'autrui »[96]. L'accent est mis sur le visage et sur le regard que je porte sur celui qui est en face de moi. Ce visage formule l'exigence éthique et un appel à la responsabilité. Le visage ne doit pas être l'objet de l'indifférence, parce qu'il exprime un appel, une invitation, un cri au secours. Le visage chez Levinas est défini dans le sens de dire « Tu ne tueras pas »[97].

Concernant l'euthanasie, le malade expose sa plainte et sa demande au soignant qui se trouve dans une position de force et de responsabilité du fait que l'euthanasie est l'objet d'une demande. « Le visage du soigné est un appel et dès cet instant, son altérité nous concerne. L'éthique commence avec la rencontre des visages. Le visage est la partie dénudée de l'homme, exposée sans défense et qui, du même coup, convoque chacun à la responsabilité »[98]. Le malade qui demande l'euthanasie peut considérer la mort comme une solution pour mettre fin à sa souffrance insupportable. Comment discerner le vrai bien de cette personne en situation de fin de vie dans la douleur, sans évoquer les grandes valeurs de

---

[95] Cf. J. RICOT, *Du bon usage de la compassion*, Paris, Puf, 2013, p. 13.
[96] E. LEVINAS, cité par J. RICOT, *Philosophie et la fin de vie*, p. 13.
[97] J. RICOT, *Philosophie et la fin de vie*, p. 13.
[98] J. RICOT, *Philosophie et la fin de vie*, p. 13.

compassion, de respect et de solidarité envers la personne vulnérable ? Ici, cette sympathie c'est être ému de compassion, compatir.

Dans sa demande d'euthanasie, une personne en souffrance lance un appel, une invitation et un cri de détresse pour lequel elle désire une réponse. Accepter d'accompagner une personne se trouvant dans cet état d'esprit, c'est également accepter d'entrer dans l'échange et le dialogue avec elle. Le but consiste à comprendre ce qui pousse cette personne à vouloir mettre fin à sa vie. Cet état se traduisant par l'angoisse, la peur, le désarroi et surtout le désespoir.

Le patient est dans l'angoisse et la peur devant la mort, devant la souffrance de la famille et des amis. Ces sentiments et le refus de vivre dans la dépendance à tout niveau s'ajoutent aux questions existentielles que la personne en fin de vie se pose.

C'est donc au nom de l'humanité que l'euthanasie est accordée dans certains cas : « Il pourrait devenir plus humain, dans des cas exceptionnels, de transgresser l'intransgressible, quand les principes doivent céder devant la détresse humaine, quand sont atteintes les limites du supportable et que l'engagement solidaire d'un soignant et d'un soigné consentant font du geste euthanasique le dernier moyen de faire face ensemble à l'inéluctable »[99].

Lors d'une demande d'euthanasie, la liberté de la personne doit être respectée : c'est la personne qui décide librement sans contrainte ni pression extérieure de la fin de sa vie. Nous soulignons ici ce qui découle du lien complexe entre le patient libre qui exprime une demande profonde et un soignant appelé à répondre à cette demande. Le patient est rendu fragile, dans une souffrance extrême et incurable. En lien avec ce dernier, il y a le soignant, qui reçoit sa demande, qui entend son cri de détresse. Le bien recherché par le patient au nom de son autonomie interpelle la responsabilité du soignant. L'autonomie du patient n'anéantit pas la responsabilité

---

[99] J. RICOT, *Philosophie et fin de vie*, p. 39.

du soignant et le soignant à son tour ne doit pas non plus imposer sa volonté au patient.

Le dialogue intervient pour ne pas réduire le médecin ni le soignant à de simples exécutants de la volonté d'un patient. Ce dialogue permet autant au patient de s'exprimer comme une personne libre et responsable et au soignant d'accueillir et d'accompagner ce patient dans son combat et de cheminer avec lui. La décision du patient et sa demande volontaire d'euthanasie ne s'expriment pas en termes de bien ou de mal. La fragilité du patient invite à l'hospitalité et le pacte de soins.

2.5.2. L'hospitalité

La relation entre le patient et le soignant se manifeste sous forme du rapport entre l'étranger et l'hôte. « Étranger est une dénomination qui ne peut se suffire à elle-même : on est toujours l'étranger de quelqu'un, l'étranger d'un autre pays. Si l'on parle des « étrangers », c'est en les distinguant « membres » d'une communauté déterminée. On est membre d'une communauté par différence, parfois par opposition, avec ceux qui n'en font point partie »[100]. Dans ce rapport, le caractère sacré de l'étranger reste prioritaire. Selon Kant, « hospitalité signifie donc ici le droit qu'à l'étranger, à son arrivée dans le territoire d'autrui, de ne pas y être traité en ennemi »[101]. Nous pouvons trouver les exemples éloquents de cette hospitalité dans la Bible. Par exemple, Abraham reçoit avec hospitalité trois inconnus, en leur donnant à manger (Genèse 18, 1-8). De plus, la parabole du Bon Samaritain nous montre que le prochain du blessé, c'est un étranger originaire de Samarie (Luc 10, 25-37). Dans cette parabole, le blessé ne se manifeste pas d'abord comme prochain, mais au contraire, comme le lointain dont on s'approche. La notion de prochain ne se réduit pas uniquement au frère à l'ami : elle englobe également l'étranger. Comme il est écrit dans le livre de l'Exode : « Tu ne molesteras pas

[100] J. RICOT, *Peut-on encore penser l'étranger comme un hôte*?, Paris, M-Editer, 2015, p. 13.
[101] E. KANT, *Projet de paix perpétuelle*, Paris, Vrin, 2007, p. 55.

l'étranger ni ne l'opprimeras, car vous-mêmes avez été étrangers dans le Pays d'Égypte » (Exode 22, 20).

> *Hospitalité signifie donc ici le droit qu'à l'étranger... On peut ne pas le recevoir si cela n'entraîne pas sa ruine : mais on ne doit pas se montrer hostile envers lui aussi longtemps qu'il se tient paisiblement à sa place. L'étranger ne peut invoquer un droit d'accueil, car on exigerait un contrat particulier de bienfaisance qui ferait de lui pour quelque temps un habitant de la maison mais un droit de visite, le droit qu'a tout homme de se proposer comme membre de la société, en vertu du droit de commune possession de la surface de la terre sur laquelle, en tant que sphérique, ils ne peuvent se disperser à l'infini : il faut donc qu'ils se supportent les uns à côté des autres, personne n'ayant originairement le droit de se trouver à un endroit de la terre plutôt qu'à un autre*[102]

Dans son métier, le soignant est invité à être disponible pour l'être affaibli par la maladie ou par l'âgé. Il est invité à rencontrer ce qui est invisible aux yeux du corps, la dignité de la personne humaine, qualité ontologique intrinsèque à l'homme, qui reste attachée à lui quelle que soit sa déchéance, et quelle que soit l'image qu'il se fait de lui -même[103].

Cette notion d'hospitalité envers l'étranger exige aussi un contrat ou un pacte de soins qui sera basé sur la confiance mutuelle.

2.5.3. Pacte de soins

Dans le pacte de soins, nous devons d'abord considérer la dimension de relation entre soignant et soigné, sans oublier la dissymétrie sur laquelle elle est fondée[104]. Le noyau éthique de cette rencontre, c'est que « le pacte de soins est basé sur la confiance »[105]. Dans le rapport soignant-soigné, la faiblesse ou la fragilité de l'un ne doit jamais devenir le lieu de domination. Elle doit plutôt devenir un lieu

---

[102] J. RICOT, *Peut-on encore penser l'étranger comme un hôte*, p. 17.
[103] Cf. J. RICOT, *philosophie et fin de la vie*, p. 15.
[104] Cf. J. RICOT, *philosophie et fin de la vie*, p. 16.
[105] CODE DE DEONTOLOGIE MEDICALE, *introduction et commentaire par Louis René*, préface de Paul Ricœur, Paris, Seuil, 1992, p. 11.

d'alliance scellée entre deux personnes contre l'ennemi commun, que nous pouvons nommer, « la maladie ». Il ne s'agit pas d'un corps fragmenté que l'on traite, mais d'un « individu » humain, une personne « indivisible », c'est-à-dire irréductible à ses organes malades. De plus, ce n'est pas assez de respecter le malade, « encore faut-il lui garantir les possibilités de conserver l'estime de soi, ce qui n'est pas évident dans les conditions de dépendance où il peut régresser, ou quand il doit faire face à des comportements indélicats ou offensants »[106]. Le pacte de soins introduit les deux parties dans une logique qui favorisera la libération de la personne en situation de détresse.

2.5.4. Notion de conscience et circonstances.

Le choix de l'euthanasie met en conflit plusieurs valeurs éthiques. D'une part, la dignité de la personne et l'autonomie du patient qu'il faut respecter et d'autre part, la responsabilité et la conscience du soignant. Dans cette situation, le soignant se trouve devant un choix de valeurs et de références. Selon le précepte hippocratique, « le premier devoir, du médecin est de ne pas nuire. Cette maxime ne concerne pas seulement les interventions sur le corps du malade. Son champ d'application s'étend à sa souffrance morale »[107]. La conscience professionnelle et humaine du médecin sera une source d'humanisation et de soulagement pour le patient. Or, « on respecte les personnes qui doivent vivre cela, mais la réalité de la mort, de la souffrance se trouve gommée de l'horizon social : l'image actuelle de l'homme n'est pas celle de celui qui doit mourir, mais bien celle de celui qui doit vivre, réussir se développer, échapper sans cesse à la maladie »[108].

L'accueil de la demande d'euthanasie implique la prise en compte de ces éléments. La conscience du soignant, par rapport à ces moyens qui peuvent maintenir la

---

[106] J. RICOT, *Philosophie et la fin de vie*, p. 17.
[107] P. LECOZ, *Le rapport du soignant à la mort. Approche philosophique et éthique*., dans HIRSCH E.,(dir.) *Fins de vie, éthique et société,* Toulouse, Éditions Érès, 2012, p. 36.
[108] D. JACQUEMIN, *Bioéthique médecine et souffrance*, « jalons pour une théologie de l'échec », Montréal, Médiaspaul, 2002, p. 45.

personne en vie un temps assez long, contribue à une bonne prise en charge du patient.

2.5.5. Soins palliatifs comme porteurs du respect de la dignité

Parmi les possibilités de prise de conscience du patient, se trouvent les soins palliatifs. En réalité, ils « ne viennent pas abolir les soins curatifs, mais les relayer. Il peut même se faire que des soins palliatifs, uniquement orientés vers le seul traitement de la douleur, produisent des effets curatifs »[109]. En effet, les soins palliatifs sont des soins dont l'objectif consiste à donner au patient la satisfaction des besoins élémentaires.

Les soins palliatifs ajoutent aux soins traditionnels du corps les soins permettant de traiter la douleur, d'apaiser les peurs, de restaurer l'estime de soi. Ce sont des actions proprement éthiques, qui impliquent un jugement positif sur la dignité absolue de l'être démuni, affaibli, parfois angoissé, arrivé en fin de vie[110]. La souffrance physique, psychologique, morale et spirituelle augmente parfois la peur et diminue la confiance ou l'estime de soi ; apaiser ces douleurs fait partie de la finalité du traitement, car le sujet du soin c'est l'homme pris dans sa totalité.

Les soins palliatifs sont considérés comme porteurs d'un choix de civilisation : le respect de la dignité. Ainsi, donner les soins appropriés à la personne en état de souffrance, c'est répondre à l'appel non verbal du visage[111]. C'est également l'objectif préconisé comme nous l'avons vu par la Déclaration universelle des droits de l'homme, qui stipule que « la dignité humaine est inaliénable, c'est-à-dire qu'on ne peut l'arracher à personne, qu'elle est une propriété ontologiquement attachée à tout être humain »[112].

---

[109] J. RICOT, *Philosophie et fin de la vie*, p. 19.
[110] Cf. J. RICOT, *Philosophie et fin de la vie*, p. 20.
[111] Cf. J. RICOT, *Philosophie et fin de la vie*, p. 22.
[112] *LA DECLARATION UNIVERSELLE DES DROITS DE L'HOMME*, 1948, p. 27.

Selon Ricot, la dignité ne dépend pas de nos considérations humaines, mais elle est inaliénable à l'être humain. Il y a des moments dans la vie humaine où on devient dépendant, où le handicap devient difficile à supporter, où on devient presque « inutile » dans la société. La question posée est celle-ci : peut-on encore évoquer la notion de dignité lorsqu'il s'agit d'une personne dont le corps physique est dégradé ? Avec Ricot, remarquons que les soins palliatifs apportent une éthique d'humanisation : la mort n'enlève rien à la dignité de l'homme. Pour reprendre le langage de Paul Ricœur, la dignité signifierait ici que la personne a encore son estime de soi. Ani, les soins palliatifs ajoutent aux soins traditionnels du corps les soins permettant de traiter la douleur, d'apaiser les peurs, de restaurer l'estime de soi :

> *La douleur physique qu'on a trop longtemps considérée comme une alerte nécessaire, un symptôme utile au diagnostic, et non comme un syndrome à traiter, est sans aucun doute le premier des maux à combattre. Le malade trop douloureux perd l'envie de vivre. Bien sûr, il y a aussi les autres souffrances, psychologiques, morales, spirituelles. Ce sont elles qui alimentent les peurs et conduisent à la perte de l'estime de soi. Elles aussi font partie de l'objet des soins en général et des soins palliatifs en particulier. Une fois de plus se vérifie que c'est bien la personne prise dans son intégralité qui est le sujet du soin*[113].

Les soins palliatifs sont porteurs d'un choix de civilisation et de respect de la dignité, dans la mesure où la dignité est la valeur d'humanité inscrite en tout être humain quel que soit son état, quelle que soit l'image qu'il a de lui- même. Les enjeux de la pratique des soins palliatifs sont porteurs d'une éthique qui est celle de l'humanisme[114].

Pour Ricot, la culture palliative est guidée par cinq principes : « le refus de l'obstination déraisonnable ; le soulagement de toutes les douleurs pour le malade en phase terminale ; l'accompagnement de la personne, qui relève du non-abandon

[113] C. AMBROSELLI, *L'éthique médicale*, p. 20.
[114] Cf. C. AMBROSELLI, *L'éthique médicale,* P. 22.

et du devoir de fraternité ; la liberté du patient correctement comprise ; l'interdit de l'homicide »[115].

Conclusion partielle

A l'homme moderne, à la recherche du bonheur et soucieux de vivre dans la dignité jusqu'au bout, la souffrance apparaît comme un mal absolu qu'il faut éliminer, et il demande à la médecine de l'aider à quitter ce monde sans souffrance, à mourir dans la dignité. Cela est concrétisé par le slogan : *mieux vaut mourir que souffrir.*

La conception de la dignité chez Ricot est fondée sur la philosophie de Kant, pour qui la dignité renvoie au « sentiment de notre valeur intérieure »[116].

Nous pouvons faire la différence « entre ce qui a une dignité et ce qui a un prix. Ce qui a une dignité est de l'ordre du qualitatif et se trouve doté d'une valeur inconditionnelle, incomparable, absolue »[117]. Ce qui a un prix n'entre pas dans la catégorie de l'absolu, mais bien dans la logique relative, de transaction discutable. L'homme n'a pas de prix, donc il possède la dignité : le fait d'être humain est en lui-même une dignité. Donc, la dignité est le fait que la personne ne doit jamais être traitée comme un moyen, mais comme une fin en soi.

Dans le cas de l'euthanasie, la demande du patient, son cri et sa fragilité sont un appel qui met le soignant dans une position de responsabilité. Devant ce geste d'emblée éthique, l'accent est mis sur le visage et sur le regard que je porte sur celui qui est en face de moi. Le visage ne doit pas être l'objet de l'indifférence, parce qu'il exprime un appel, une invitation, un cri au secours. Et le visage est défini dans le sens de dire « Tu ne tueras pas »[118].

---

[115] J. RICOT, *Ethique du soin ultime*, p. 196.
[116] E. KANT, *Métaphysique des mœurs*, Œuvre philosophique III, Paris, Gallimard, 1986, p. 447-791.
[117] J. RICOT, *Éthique du soin ultime*, p. 43.
[118] J. RICOT, *Philosophie et la fin de vie*, p. 13.

Selon Ricot, la dignité de l'être humain est intangible. Elle renvoie à une valeur incomparable, absolue, inaliénable. L'être humain est un être digne, quelle que soit sa situation, quelle que soit la représentation que l'on peut se faire de lui, quelle que soit l'idée qu'une personne peut se faire d'elle-même. Donc, le non-respect de la dignité est un traitement dégradant[119].

---

[119] Cf. J. RICOT, *Philosophie et fin de la vie*, p. 36.

CHAPITRE 3. L'APPROCHE THEOLOGIQUE DE LA DIGNITE CHEZ HUBERT DOUCET

INTRODUCTION

Dans sa contribution au débat sur la dignité dans le contexte médical en lien avec l'euthanasie, nous comprenons que le projet de loi 52, voté par l'Assemblée nationale du Québec en juin 2014, a fait réagir Hubert Doucet.

« Il est permis de penser que la dignité humaine constitue aujourd'hui la clé de voûte de l'éthique générale et du droit »[120].

Doucet pose des questions sérieuses et rigoureuses sur le mourir ainsi que sur le sens de la mort et de la dignité. Cette réflexion sur la dignité dans le contexte québécois de la dépénalisation de l'euthanasie invite à nous demander, avec Doucet, si « cette question ne représente pas l'arbre qui cache la forêt. Et c'est la forêt dont je me soucie »[121]. Il s'agit ici d'une réflexion et d'un développement critique sur la mort dans le monde contemporain. La préoccupation centrale sera un regard critique sur le sens de la mort.

Ce chapitre comporte quatre parties. Dans un premier temps, nous commencerons par les quatre constats qui sont considérés comme les points de départ de la pensée de l'auteur. La deuxième partie montrera les ambiguïtés du vocabulaire : mourir dans la dignité, les soins palliatifs et l'euthanasie. Dans la troisième partie, nous avancerons trois arguments théologiques. La quatrième partie donnera les orientations théologiques. Et enfin viendra une conclusion partielle.

Hubert Doucet

Né en 1938 au Québec, théologien de formation. Il a fait ses études aux Universités d'Ottawa et de Strasbourg. En 1967, il a obtenu un doctorat de

---

[120] M. DUPUIS, « Dignité », dans, E. GAZIAUX, L. LEMOINE et D. MULLER, *Dictionnaire Encyclopédique d'Éthique Chrétienne,* p. 595-606.
[121] H. DOUCET, *La mort médicale est-ce humain?*, p. 7.

troisième cycle en sciences religieuses. Il a commencé par enseigner la philosophie au Cégep de valleyfield. C'est seulement en 1977 qu'il commence sa spécialisation en éthique. Il fait depuis lors un travail de recherche et d'enseignement portent sur le domaine de la bioéthique.

Il a, d'abord, été professeur à l'Université Saint-Paul, ensuite professeur à la faculté de théologie et à la faculté de médecine de l'Université de Montréal. Il est directeur des programmes de bioéthique à l'Université de Montréal depuis 1997. Il préside le Comité universitaire d'éthique et participe à la création de plusieurs comités d'éthique dans les hôpitaux universitaires et autres. Il travaille aussi au Comité scientifique de l'Institut national d'excellence en santé.

Les questions de Doucet témoignent de son intérêt pour les problèmes éthiques relatifs à la mort et à la souffrance.

Dans la même logique que Ricot, Doucet rejette systématiquement le recours à la mort médicalisée, au profit d'une « meilleure fin de vie » par le recours aux soins palliatifs, évitant ainsi, selon lui, la perte de dignité avant même la fin de vie.

3.1. Le point de départ : quatre constats

Pour développer la réflexion théologique sur la dignité, Doucet part d'abord de quatre observations :

- Dans un premier temps, il constate que jadis la question sur l'euthanasie était restée l'apanage des théologiens et des philosophes. La question avait une orientation purement théologique. Désormais, le débat n'est plus réservé aux théologiens et philosophes, il est devenu public[122].
- Les arguments utilisés pour combattre l'euthanasie étaient jadis d'ordre religieux. Ces arguments d'ordre religieux ne sont plus efficaces dans le monde contemporain avec une nouvelle culture sécularisée, une culture où l'autonomie de

[122] Cf. H. DOUCET, *Les promesses du crépuscule*, p. 13.

l'individu a priorité, où la maîtrise sur la vie est au cœur de la vision du monde, où la souffrance est un mal inacceptable[123].

- L'homme est à la recherche de la bonne mort. Dans cette optique, l'homme cherche à reconquérir sa mort. Ce courant de la recherche d'une bonne mort a connu une évolution au long de l'histoire, et laisse l'homme occidental moderne insatisfait. D'où le passage à la quatrième tendance.
- Le quatrième modèle qui répond aux commandements de la société moderne et aux exigences contemporaines est le « droit à la mort ». Ce modèle « est celui du droit quasi absolu du malade à déterminer le moment de sa mort et d'en décider avec le soutien d'un professionnel »[124]. Ici, on met l'accent sur l'autonomie de la personne, qui se veut une autonomie totale.

Ces quatre constats nous invitent d'une part, à changer notre image de la médecine et d'autre part, à revoir notre rapport avec celle-ci.

3. 2. Les ambiguïtes du vocabulaire

La question de la dignité chez Doucet est liée au problème de l'euthanasie dans le contexte québécois de l'Amérique du Nord. Pour parler de la dignité, nous devons d'abord chercher à résoudre le vrai problème qui risque de faire obstacle à la compréhension. Il s'agit des actions qui ne favorisent pas la bonne mort. Ces actions sont considérées comme « une solution boiteuse à un problème véritable »[125].

Les discussions qui ont déclenché la question de la dignité dans le contexte de l'euthanasie divisent les peuples, car tous les habitants ne partagent pas un même point de vue. Cette question divise les pays, car tous les pays ne partagent pas le même point de vue. Certains pays, tels que la Belgique, le Luxembourg, la Suisse,

---

[123] Cf. H. Doucet, *Les promesses du crépuscule*, p. 13.

[124] H. Doucet, *Les promesses du crépuscule*, p. 15.

[125] H. Doucet, « *L'euthanasie : une solution boiteuse à un problème véritable* », Revue médicale de la Suisse romande, Vol.117, 1997, p. 205-211.

l'Oregon, le Vermont, Washington, Montana, New Mexico, ont dépénalisé l'euthanasie.

Dans le contexte québécois, les concepts de dignité et d'euthanasie sont enveloppés d'une ambiguïté dans le domaine médical et social. Dans un premier temps, il faut donc une remise au clair de ces deux concepts. Mourir dans la dignité est trop souvent considéré comme une expression synonyme d'euthanasie. En réalité, « la notion de dignité est fondamentale mais paradoxale. Elle n'a jamais été aussi présente qu'aujourd'hui dans le discours ambiant mais son contenu reste extrêmement imprécis »[126]. C'est pourquoi, il est important de clarifier d'abord le concept.

Cette ambiguïté reste un blocage pour trouver un terrain d'entente aux orientations des soins de fin de vie dans le monde contemporain. Le vrai problème que nous devons résoudre ici est le sens que nous donnons aux mots « dignité » et « euthanasie », car nous sommes souvent piégés par cette ambiguïté et nous devons en trouver l'exacte signification.

3.2.1. Mourir dans la dignité

En effet, l'expression « mourir dans la dignité » reste un objet de questionnement sur le vrai sens du mot « dignité ». Car, « on peut se référer à la dignité humaine pour justifier des décisions exactement opposées : les débats sur l'autorisation ou l'interdiction de l'euthanasie ou du clonage en sont des exemples frappants. Comment un tel flou conceptuel est-il possible alors que la dignité de la personne humaine constitue sans aucun doute l'un des plus vénérables concepts de l'anthropologie et de l'éthique classique ? »[127]. Historiquement, les expressions « droit de mourir » et « droit à la mort » sont constamment liées. Les deux

---

[126] M. DUPUIS, « Dignité » dans, E. GAZIAUX, L. LEMOINE et D. MULLER, *Dictionnaire Encyclopédique d'Éthique Chrétienne*, p. 595-606.
[127] M. DUPUIS, « Dignité », dans, E. GAZIAUX, L. LEMOINE et D. MULLER, *Dictionnaire Encyclopédique d'Éthique Chrétienne*, p.595-606.

expressions ont surgi dans un même contexte, qui considère la mort comme un élément relevant des droits de la personne.

Au départ, la dignité était l'apanage de la classe sociale de l'aristocratie comme le dit Ricot. Mais la société a évolué et surtout la considération de l'égalité entre les hommes, de la dignité, a considérablement changé de sens. Dans cette logique, la dignité n'est plus liée aux aspects extérieurs à l'homme, ou aux considérations sociales, mais elle appartient à la personne elle-même, du fait de sa nature rationnelle. L'homme est au centre de la dignité, car « l'être humain a alors une valeur primordiale, indépendamment de sa situation sociale. Cette dignité ne peut donc se perdre »[128]. Cette considération donne aux deux expressions *droit de mourir* et *droit à la mort* d'une base commune, parce que nous naissons tous libres et égaux en dignité et droits.

Malgré ce fondement commun, entre « droit de mourir » et « mourir dans la dignité », on constate quelques points de divergence. Un premier courant pense que droit de mourir et droit à la mort sont convergents et restent inséparables. Un deuxième courant de pensée fait des distinctions entre les deux.

3.2.2. Mourir dans la dignité et droit de mourir

Nous allons donc présenter les deux courants qui divergent par rapport aux deux concepts : mourir dans la dignité et droit de mourir.

Selon le premier courant, « le mourant doit être le maître de sa mort ; on doit lui reconnaître le contrôle de sa vie jusqu'au terme qu'il fixe lui-même »[129]. Ce courant considère que « le droit de mourir » et celui de « mourir dans la dignité » sont liés.

Pour ce premier courant, « mourir dans la dignité » signifie que l'homme a le droit de faire de son corps, de sa vie, ce qu'il veut. Ce premier courant soutient que par

[128] H. DOUCET, *La mort médicale est-ce humain*?, p. 19.
[129] H. DOUCET, *La mort médicale est-ce humain*?, p. 20.

sa liberté, l'homme a le droit de mourir dans les circonstances de son choix. Jusqu'à ce jour, « le caractère sacré de la vie a été au cœur de l'éthique et obligeait à poursuivre les traitements sans tenir compte du point de vue du patient. Mourir dans la dignité signifie ici que la qualité de la vie, telle que la juge l'individu, est au cœur des choix de ce dernier. Elle relève de son autonomie »[130]. Désormais, l'individu se veut libre de mettre fin à sa vie quand il le veut et de mettre en œuvre tous les mécanismes qu'il veut pour y parvenir.

C'est pourquoi, ceux qui soutiennent l'euthanasie disent que « le terme est bien choisi. Accélérer la mort d'une personne malade à sa demande parce que le poids de sa souffrance est trop lourd exprime un profond respect à son égard. Promouvoir la bonne mort peut aller jusqu'à aider quelqu'un à mourir, que ce soit en l'assistant dans son suicide ou en posant soi-même le geste fatal »[131].

Cependant, ce vocabulaire « droit à la mort » employé par les défenseurs de l'euthanasie n'est pas sans ambiguïté, ce que soulignent ceux qui refusent l'euthanasie. Il faut admettre que :

> *Le droit de mourir dans la dignité peut être interprété de diverses façons. Pour les uns, il signifie seulement le droit d'être laissé en paix pour mourir sans être prolongé artificiellement par les techniques et les traitements modernes. Pour d'autres, il signifie le droit de choisir sa fin de vie et d'avoir les services d'un médecin qualifié pour qu'elle se fasse sans douleur. Il n'y a pas de doute qu'aussi longtemps que nous permettons la première de ces interprétations et que nous invalidons la seconde, nous allons nous trouver dans des situations morales de plus en plus inconsistantes et hypocrites*[132].

Le second courant donne une autre interprétation de mourir dans la dignité. Celle-ci met davantage l'accent sur le caractère inaliénable de la dignité, qui fait la

---

130 H. DOUCET, *La mort médicale est-ce humain?*, p. 21.
131 H. DOUCET, « Euthanasie », dans, E. Gaziaux, L. Lemoine et D. Muller, *Dictionnaire Encyclopédique d'éthique chrétienne,* p. 905-910.
132 R. RUSSEL, *Freedom to Die : Moral and Legal Aspect of Euthanasia*, New York, Human Sciences Press, 1975, p. 234.

qualité de la vie et qu'il faut valoriser aussi au terme de notre vie. Car « l'être humain ayant une valeur primordiale, indépendamment de sa situation sociale, cette dignité ne peut donc se perdre : elle est unique, irremplaçable, sans prix »[133]. Dans cette logique, quelles que soient les circonstances, l'état de santé ou la maladie, la dignité de la personne demande à être respectée et reconnue. C'est ce que Paul Ricœur appelle « estime de soi ». Cela veut dire que « la dignité de la personne en fin de vie est inaliénable, qu'elle représente une visée pratique sollicitant de nos jours l'engagement éthique du personnel soignant »[134].

Le débat entre les deux courants a poussé certains auteurs à remplacer le concept « dignité », par celui d'autonomie, car « le concept dignité n'a pas selon eux de contenu éthique, mais est plutôt d'inspiration religieuse ». Selon eux, « la notion de dignité humaine est aussi inutile que dangereuse puisque sa signification exacte est loin d'être claire en raison, entre autres, de ses connotations religieuses »[135].

Nous sommes donc dans un contexte qui donne au concept « dignité » plusieurs interprétations tout à fait différentes. Face à cette situation, il est important de s'interroger sur la vraie signification du mot dignité :

Quand toutes les parties de votre corps vous laissent tomber les unes après les autres et que vous vous retrouvez à la merci de la bonne volonté des autres pour des activités qui, hier encore, étaient les plus intimes, vous devenez dépendants de tous. Quelle dignité vous reconnaîtra-t-on ? Mais que la perte de vos forces et votre dépendance à l'égard des autres pour mener vos activités les plus simples soient considérées comme de l'indignité qui puisse exiger que l'on vous donne la mort témoigne de quelque chose d'inquiétant à propos de notre vivre ensemble. C'est comme si la vulnérabilité croissante vous privait de votre dignité et que pour la retrouver, il fallait mettre un terme à votre vie. L'inverse est aussi vrai. Qu'au nom du

---

[133] H. DOUCET, *La mort médicale est-ce humain?*, p. 21.

[134] D. JACQUEMIN, « Mourir dans la dignité : un défi pour l'humain, un lieu pour Dieu ? », *Presse de l'Université Saint-Louis*, Bruxelles, 2007, p. 185-214. En ligne : http://www.openedition.org/6540, (consulté le 11.02.2020).

[135] R. OGIEN, « *La vie, la mort, l'été* », dans Martine Gross, Séverine MATHHIEU et Sophie Nizard (dir.), *sacrées familles ! Changements familiaux, changements religieux,* Toulouse, Érès, 2011, p. 251-262.

respect de votre souffrance qui demeure insupportable et que l'on vous abandonne dans l'isolement, cela n'a-t-il pas quelque chose d'inhumain ? [136]

3.2.3. Euthanasie

Doucet soulève quelques problèmes ou ambiguïtés liés à l'usage du mot euthanasie dans un contexte québécois. Le fait que le mot désigne des pratiques très différentes est un grand défi dans l'évolution du débat. En effet, « si dans les langues modernes, Francis Bacon est le premier auteur à utiliser le terme « euthanasie », l'expression avait déjà cours chez les Grecs et les Romains ; elle désignait la mort douce, synonyme de bonne mort »[137].

Bacon connait lui-même que « le terme euthanasie est un concept piégé, compte tenu tant des pratiques différentes auxquelles il renvoie que du sens de l'agir humain qu'on veut lui faire exprimer »[138].Le concept est piégé du fait que chacun en fait son usage. Certains utilisent le mot euthanasie dans le sens de : arrêt de traitement, non-réanimation, sédation. Ce qui constitue une compréhension passive du terme. Mais dans d'autres cas, on passe d'une conception passive du terme « euthanasie » à un sens actif du mot. C'est pourquoi, pour rendre le concept plus clair, pendant un temps au Canada, on a demandé de remplacer « euthanasie » par « interruption de traitement ».

Le concept est donc manipulable. Dans le contexte québécois, également, l'interprétation de l'expression a beaucoup évolué. En 2010, le document de consultation définissait l'euthanasie comme un « acte qui consiste à provoquer intentionnellement la mort d'autrui pour mettre fin à ses souffrances »[139]. Cette définition est ambigüe, car la « volonté » du patient n'est pas signalée. Il a fallu attendre le rapport de mars 2012 pour constater l'évolution de la signification du

---

[136] H. DOUCET, *La mort médicale est-ce humain*?, p. 24.
[137] H. DOUCET, « Euthanasie », dans, E. GAZIAUX, L. LEMOINE et D. MULLER, *Dictionnaire Encyclopédique d'Éthique Chrétienne*, p. 905-910.
[138] H. DOUCET, « *l'euthanasie, un concept piégé* », Frontière, Vol.3, n 1, 1990, p. 6-10.
[139] COMMISSION SPECIALE SUR LA QUESTION DE *MOURIR DANS LA DIGNITE*, mars 2010, en ligne : http://www.assnat.qc.ca/fr/travaux (consulté le 12 mars 2019).

terme « euthanasie » avec l'insertion du mot « sur demande ». Dans ce cas, les précisions telle que volontaire et involontaire, passif et actif sont clairement présentes. L'euthanasie est désormais définie comme un « acte qui consiste à provoquer intentionnellement la mort d'une personne à sa demande pour mettre fin à ses souffrances »[140]. Dans cette nouvelle définition qui inclut « à sa demande », l'accent est mis sur la volonté ou le consentement du demandeur.

Dans le contexte québécois, l'expression euthanasie a donc été l'objet de plusieurs discussions à cause de ses ambiguïtés et les pièges que l'expression peut cacher. Cependant, pour Doucet, une ambiguïté demeure car la nouvelle définition n'a pas permis de donner une bonne signification du mot « dignité ». Or, nous ne pouvons pas définir le concept dignité dans un contexte médical, sans faire allusion à l'euthanasie.

3.2.4. Soins palliatifs

L'expression « soins palliatifs » est une expression qui est beaucoup utilisée par Doucet. Il constate qu'elle ne fait pas l'unanimité à cause des différentes interprétations que lui donnent certains courants. Par exemple pour l'OMS :

> *L'objectif des soins palliatifs est d'obtenir, pour les usagers et leurs proches, la meilleure qualité de vie... Les soins palliatifs soutiennent la vie et considèrent la mort comme un processus normal, ne hâtent ni ne retardent la mort, atténuent la douleur et les autres symptômes ; intègrent les aspects psychologiques et spirituels des soins, offrent un système de soutien pour permettre aux usagers de vivre aussi activement que possible jusqu'à la mort*[141].

Cette définition qui ne fait pas l'unanimité met en évidence la qualité de vie qu'il faut sauvegarder, car la mort est un phénomène naturel auquel l'homme ne peut

---

[140] COMMISSION SPECIALE, *Mourir dans la dignité*, rapport, mars 2012, p. 17.

[141] MSSQ (Ministère de la santé et des Services sociaux du Québec), *Politique en soins palliatifs de fin de vie*, Québec, avril 2010, p. 7 ; en ligne : medfam.umontreal.ca/wap-content/uploads/sites/16 /2018/politique-en-soin-plliatifs-de-fin-de-vie_MSSS_2010.pdf, (consulté le 11.02.2020).

échapper. Il faut plutôt développer la dimension d'accompagnement ou l'assistance sur tous les plans.

La définition des soins palliatifs proposée par l'OMS ne met pas tous les chercheurs d'accord : certains points sont débattus.

Cette divergence d'interprétation du contenu à donner aux soins palliatifs, dénonce l'ambiguïté du vocabulaire.

Doucet pense que nous ne pouvons pas aborder la question de la dignité sans montrer d'abord les obstacles qui peuvent fausser le débat. Il est clair que l'usage des termes mourir dans la dignité, l'euthanasie et soins palliatifs pose problème et ne facilite pas le débat.

> *Les soins palliatifs sont apparus au Québec il y a une trentaine d'années pour répondre aux besoins des personnes atteintes d'une maladie incurable dont l'évolution compromet sérieusement la survie, et selon une approche adaptée s'appuyant sur une philosophie particulière d'interventions. Ces interventions privilégient une approche holistique qui inspire différentes attitudes et qui propose un ensemble d'actions auprès de la personne et de ses proches dans une perspective d'humanisation des soins*[142]

3.3. Les arguments theologiques[143]

Pour justifier sa position, Doucet utilise trois arguments théologiques : prendre la place de Dieu, la vie est sacrée et la vie est un don de Dieu.

3.3.1. Prendre la place de Dieu

Cet argument vise les scientifiques qui se donnent le pouvoir de faire ce qu'ils veulent avec la vie humaine. Dans ce cas, on montre qu'il y a tendance chez l'homme de se considérer comme Dieu et de prendre sa place :

---

[142] MSSQ (Ministère de la santé et des Services sociaux du Québec), p. 7

[143] H. Doucet, *Les promesses du crépuscule*, p. 77.

> *En pénétrant dans le territoire de la science, les êtres humains auraient pris la place de Dieu et se seraient ainsi approprié un pouvoir qui ne leur appartient pas. Il y aurait quelque chose de sacrilège à poser de tels gestes puisque Dieu n'en aurait pas autorisé l'usage ou, tout au moins, dont la responsabilité dépasserait la légitimité humaine. Cette interprétation renvoie à Prométhée, condamné pour avoir dérobé le feu aux dieux. Nous sommes ici confrontés au problème de la place et du rôle de l'être humain mais aussi au sens même de Dieu. Toute une théologie de la création et de la technique fonde ce type d'argument*[144].

Dans le cas de l'euthanasie, l'homme se fait comme un usurpateur du rôle divin. Cette réflexion fonde son argument dans l'idée même de la nature. L'homme doit accepter de se conformer à la loi de la nature, qui nous oriente à la volonté divine. Changer la nature est une opposition à Dieu lui-même. C'est une façon pour l'homme de se comporter en rebelle devant son créateur. Nous devons, cependant, faire attention à certains enjeux. En effet, cette conception purement fondamentaliste met paradoxalement en opposition le pouvoir de Dieu et celui de l'homme. Paradoxe parce qu'on considère parfois certains actes qui consistent à sauver la vie par la médecine comme bénédiction de Dieu.

Par rapport à l'euthanasie, il y a une tendance qui affirme que cette conception chrétienne de la vie met l'homme dans l'incapacité d'être responsable et remet en cause les droits de l'homme ; il prend librement la responsabilité d'agir comme Dieu le veut.

Le premier argument théologique trouve son appui dans le livre du Deutéronome, tel que développé par Jean Paul II. « Voyez maintenant que moi, moi je suis et que nul autre avec moi n'est Dieu ! C'est moi qui fais mourir et qui fais vivre ! Quand j'ai frappé, c'est moi qui guéris » (Deutéronome 32, 39).

---

[144] H. DOUCET, *Les promesses du crépuscule*, p. 78.

C'est un texte qui nous rappelle Moise à la fin de sa vie ; après la désignation de Josué, il compose un cantique où il met en exergue la puissance absolue de Dieu. Le Dieu libérateur, qui sauve son peuple des mains des ennemis, malgré l'infidélité d'Israël. Il est le seul maître absolu, car « Dieu a fait l'homme de telle sorte qu'il soit apte au pouvoir royal sur la terre ... L'homme a été créé à l'image de Celui qui gouverne l'univers »[145]. Il s'agit ici d'une réflexion qui tient compte du respect de la dignité de la personne dans les situations difficiles. Dans cette logique, dire que Dieu est maître de la vie « ne vient pas de la jalousie de Dieu à l'égard des humains lui usurpant sa puissance, mais de la conviction que seule la reconnaissance de Dieu comme maître de la vie et de la mort permet de respecter la vie de toutes ces personnes contre qui pèsent les forces de la mort »[146].

Quelle que soit l'évolution de la technologie ou de la pensée contemporaine, l'homme doit éviter la tentation de croire qu'il est critère et norme car cette orientation peut reproduire la tentation d'Éden : chercher à devenir comme Dieu.

3.3.2. La vie est sacrée

Face aux arguments contemporains qui valorisent la qualité de vie et la notion de l'autonomie de la personne, Doucet montre que la vie appartient à Dieu et que la vie a un caractère sacré. Il veut ainsi répondre à la nouvelle conception qui affirme:

> *La qualité de la vie est inséparable du droit à déterminer le moment de sa mort. Quand la vie n'a plus de qualité, on réclame le droit d'y mettre fin. La peur de la souffrance, la crainte de dépérir lentement, l'inquiétude de tomber à la merci des autres sont parmi les arguments les plus éloquents pour fonder le contrôle de chacun sur sa propre mort. Le thème de la qualité de la vie est au cœur des*

[145] JEAN-PAUL II, *Evangelium Vitae*, n 52, p. 64-65.
[146] H. DOUCET, *Les promesses du crépuscule*, p. 83.

idéaux de la modernité et caractérise l'entreprise de la médecine telle qu'interprétée par Bacon[147].

Nous allons dégager les éléments qui fondent le caractère sacré de la vie chez Doucet. Il s'agit de l'interprétation religieuse ou théologique.

a. La valeur infinie de la vie

C'est dans le judaïsme que nous trouvons cette affirmation de la valeur infinie de la vie. L'éthique médicale juive trouve son fondement dans l'expression « valeur infinie » de la vie humaine : « chaque moment de la vie biologique de chaque membre de l'espèce humaine possède une valeur infinie. C'est-à-dire que le médecin a la tâche de prolonger la vie aussi longtemps que possible »[148]. Cette affirmation s'oppose au courant qui insiste sur l'autonomie et sur la qualité de vie et ignore le caractère sacré de la vie.

En conséquence, elle soutient l'obligation pour le médecin de traiter et pour le malade d'accepter de se faire traiter. Cela va aboutir à de grands débats sur le refus de continuer le traitement, sur la prolongation de la vie et la question de l'acharnement thérapeutique. La vie a une valeur infinie parce que Dieu est le maître de la vie. Personne n'a un droit sur la vie, celle d'autres personnes ou la sienne. Car, « Nul n'a un droit de propriété sur son propre corps. Le Tout-Puissant a donné à chacun un corps et une âme pour un temps donné et notre devoir est de retourner à notre Créateur au temps voulu, tout comme quelqu'un est responsable de prendre soin d'un objet qui lui est prêté. Le droit d'intervenir sur la vie n'existe pas sauf s'il s'agit de prévenir sa destruction ou sa perte »[149].

---

[147] H. DOUCET, *Les promesses du crépuscule*, p. 101.
[148] H. DOUCET, *Les promesses du crépuscule*, p. 84.
[149] S. ABRAHAM, « Euthanasia », dans Fred ROSNER, ed, *Medicine and Jewish Law*, Northvale, NJ. J. Aronson Inc, 1990, p. 123-136.

b. Les origines divines du caractère sacré de la vie

Pour la théologie catholique, la vie humaine revêt un caractère sacré dans la mesure où Dieu est l'auteur, le commencement et le fondement de la vie humaine. Le récit de la création du monde et de l'homme selon le livre de la Genèse aux chapitres 1 et 2, veulent montrer que Dieu est l'auteur et seul maître de la vie ; c'est lui qui nous la donne et c'est lui qui la reprend, peu importent les circonstances de notre mort. Mais cette volonté divine, l'homme d'aujourd'hui a du mal à l'accepter.

Dans la Bible, pour montrer le caractère sacré de la vie, Dieu va punir Caïn qui venait de tuer son frère Abel (Gn 4, 11), parce qu'il avait porté atteinte à la vie de son frère. Or, Caïn en tuant son frère Abel, oublie le côté divin et sacré de la vie, et c'est là pour lui une façon de défier Dieu qui est lui-même l'auteur de la vie. Doucet, qui défend le caractère sacré de la vie, déclare que « le médecin a la tâche de prolonger la vie aussi longtemps que possible »[150]

Tuer l'homme qui est l'image de Dieu est un péché grave, car « seul Dieu est maître de la vie »[151]. Dans la tradition de l'Église, on considérait comme les trois péchés les plus graves : l'apostasie, l'adultère et le meurtre. Pour la théologie, la vie a une origine divine, et si je tiens à ma vie, j'ai intérêt à défendre et à protéger celle de l'autre, car il n'y a pas de vie à soi. D'après le récit biblique, Dieu en créant Adam et Ève, qui à leur tour ont donné naissance à Caïn et Abel, a voulu que la vie soit transmise et soit respectée.... Dieu se proclame Seigneur absolu de la vie de l'homme, qu'il a créé à son image et à sa ressemblance (Gn1, 26-28). C'est pourquoi, la vie humaine a un caractère sacré et inviolable, dans lequel se reflète l'inviolabilité du Créateur[152]. La vie reste sacrée parce que Dieu est maître absolu et que la vie lui appartient. Dès la création, nous trouvons toujours

---

[150] H. DOUCET, *Les promesses du crépuscule*, p. 85.
[151] JEAN PAUL II, *Evangelium Vitae*, n55, p. 67.
[152] JEAN PAUL II, *Evangelium Vitae*, n°53, p. 66.

l'intervention de Dieu, il reste ***alpha*** et ***oméga*** c'est-à-dire commencement et fin. L'homme qui est créature ne peut pas s'approprier le droit de la détruire.

Pour Doucet, la mission première du médecin c'est celle de soigner et de défendre la vie, et non de la détruire. Pour lui, on doit accompagner la personne malade par des traitements et soins palliatifs jusqu'en fin de vie.

C. La sainteté de la vie

La vie humaine est sainte parce qu'elle est en relation avec Dieu. La sainteté de la vie se justifie du fait que Dieu entretient avec elle une relation particulière. Elle est la perfection même de Dieu lui-même et est son œuvre[153]. Ici, on veut montrer que la vie humaine est particulièrement précieuse aux yeux de Dieu.

Le récit de la création est un exemple éloquent. Le monde est créé à partir du chaos primitif, mais le travail de Dieu était de mettre en place un bon cadre pour la vie de l'homme, pour son développement et son épanouissement. Dans cette évolution, nous constatons la réjouissance de Dieu pour la beauté de l'univers.

3.3.3. La vie est don de Dieu[154]

On peut donner deux interprétations selon Doucet :

- La première interprétation considère le don comme quelque chose que l'on reçoit comme cadeau et que, après la réception, on s'en approprie : cela devient pour nous : par et dès la réception, j'en deviens propriétaire et je peux en disposer comme je le veux, parce que cela m'appartient.

- La deuxième interprétation valorise le rapport entre deux personnes qui sont unies par le don. Dans ce rapport, les « deux personnes deviennent liées et ne veulent surtout pas détruire cette alliance que le don a permis de développer. Le

---

[153] H. DOUCET, *Les promesses du crépuscule*, p. 89.
[154] H. DOUCET, *Les promesses du crépuscule*, p. 95.

cadeau offert n'est pas un avoir dont dispose à sa guise le receveur mais une relation qu'il cultive avec grand soin »[155].

Dans notre démarche, c'est la seconde interprétation que nous adoptons.

La théorie selon laquelle la vie est don de Dieu, considère que la vie ne nous appartient pas. Il nous revient de collaborer avec celui qui nous la donne. C'est pourquoi, la vie a un caractère sacré, dont chacun ne peut disposer à son gré. Un chrétien y voit plus encore un don de l'amour de Dieu, et la responsabilité lui revient de la conserver et de la faire grandir. Cette vision nous fait comprendre que par ce don de la vie à l'homme, Dieu nous associe à sa vie divine, parce que nous sommes créés à son image. C'est pourquoi la vie, comme don, mérite beaucoup de respect. Avec raison, Karl Barth affirme que « la vie est un don, un bien que Dieu prête à l'homme sans que ce dernier l'ait mérité. Le fait qu'il soit permis à un homme de vivre devra être tenu chaque fois comme un acte de confiance accompli par Dieu. La question éthique fondamentale est ici la suivante : comment l'homme répond-t-il à la confiance qui lui est faite »[156]? Cette vie comme valeur mérite respect parce qu'elle trouve sa source en Dieu.

La vie comme don, est un « bien donné par le Seigneur et que chacun doit chercher à ne jamais réduire mais à promouvoir »[157]. Il est impératif de respecter la vie.

La quatrième partie apportera une contribution théologique comme réponse aux questions qui se posent quant à la forme que doit prendre ce respect de la vie.

3.4. LES ORIENTATIONS THEOLOGIQUES

La question de mourir dans la dignité est une problématique qui élargit la préoccupation sur l'ensemble des conditions du mourir en valorisant le respect de

---

[155] H. DOUCET, *Les promesses du crépuscule*, p. 97.
[156] K. BARTH, *Dogmatique*, v. III, La doctrine de la création, t.IV, n°2, Genève, Labor et Fides, 1965, p. 60.
[157] H. DOUCET, *Les promesses du crépuscule*, p. 97.

la personne humaine dans son ensemble et en améliorant les conditions de la fin de vie. C'est pourquoi, pour Jacquemin, « l'expérience du soin comme rencontre humaine nous permet de ne pas nous expérimenter indignes dans notre humanité souffrante et proche de la mort »[158]

3.4.1. Regarder la personne humaine dans sa totalité

Le respect de la vie humaine et de la personne malade dans sa totalité doit être une priorité médicale. Pourtant, on constate que, souvent et de plus en plus, la personne vient en deuxième place dans la pratique médicale. Il suffit de faire un petit tour dans certains hôpitaux pour voir comment sont traités certains séropositifs, les malades du sida et leurs proches. En réalité, « si la personne qui se rend à l'hôpital cherche une aide technique compétente, elle a aussi besoin qu'on la reconnaisse dans son humanité blessée... »[159]. C'est pourquoi, il est toujours reproché à l'éthique médicale de n'avoir pas humanisé la médecine, de ne pas centrer son application sur la personne.

Dans le domaine théologique, l'une des tâches est celle d'un grand souci pour la totalité de la personne. Ce travail consiste à mettre en évidence les moyens à mettre en œuvre pour que l'homme soit reconnu dans sa totalité.

Par rapport à la question du mourir dans la dignité, nous devons reconnaître que la mort fait partie de la vie humaine. L'être l'humain, quel que soit sa situation sociale ou son contexte existentiel, est un être voué à la mort. Dès lors, le défi est double : certains utilisent les pratiques médicales pour prolonger la vie et d'autres ont recours à une pratique comme l'euthanasie pour hâter la mort.

- *Reconnaître la mort et ne pas prolonger la vie* : La médecine moderne cherche le moyen de maîtriser la maladie et de donner à l'homme la possibilité de prolonger sa vie. Dans notre société, la mort est devenue un mal absolu qu'il faut absolument

---

[158] D. JACQUEMIN, *Mourir dans la dignité : un défi pour l'humain, un lieu pour Dieu?* p. 12-21.
[159] H. DOUCET, *Les promesses du crépuscule*, p. 143.

combattre : la médecine moderne a « transformé notre condition biologique au point de reculer la mort et de transformer la maladie »[160].

À une époque pas si lointaine, certaines maladies chroniques n'étaient pas répandues comme elles le sont aujourd'hui :

> *De nombreuses formes de maladies chroniques sont le résultat de nos propres technologies. Et une fois que nous avons introduit une technique qui prolonge quelqu'un, nous ne savons plus s'il faut arrêter ou quand il faudra arrêter. Le problème est tel que les institutions de soins aigus, qu'elles soient des hôpitaux pédiatriques ou généraux, deviennent des lieux qui créent et accueillent la chronicité, et une chronicité de plus en plus lourde. L'exemple des malades atteints du sida en témoigne éloquemment. En effet, les progrès de la médecine, s'ils ont permis de prolonger des malades qui, au début de l'épidémie, mouraient rapidement, ne les guérissent pas cependant. Ils peuvent même conduire à créer des situations tragiques*[161].

Selon Doucet, la pratique de la médecine moderne reste un problème parce qu'elle ne met pas l'homme dans des conditions humainement acceptables. Son usage provoque de vrais problèmes au niveau des individus et de la société. Fonctionner dans la logique où l'homme s'obstine à vouloir toujours prolonger sa vie n'a pas de sens. C'est pourquoi, il est toujours important de se demander si le système de santé doit d'abord viser à vaincre la mort à tout prix ou s'il doit d'abord compatir et être attentif à ceux qui veulent mourir ?

Nous devons comprendre que malgré nos souhaits de mourir dans la dignité, la question de la mort reste un mystère et par là, nous connaissons la fragilité de l'homme. C'est pourquoi, la contribution chrétienne s'avère originale et nécessaire lorsque sont posées des questions fondamentales d'ordre anthropologique et métaphysique.

---

[160] H. DOUCET, *Les promesses du crépuscule*, p. 147.
[161] H. DOUCET, *Les promesses du crépuscule*, p. 148.

Le monde moderne soumet le théologien à un questionnement sur une attitude qu'il refuse d'accepter : considérer la mort comme un mystère. Ce mystère parfois nous inquiète et développe chez certains la peur de mourir : les uns demandent de prolonger la vie, d'autres demandent l'euthanasie.

- *Reconnaître l'imminence de la mort et ne pas raccourcir la vie* : devant certaines situations de la vie ou certaines maladie incurables, nous reconnaissons que parfois devant cette souffrance la vie devient difficile. Malgré cette souffrance, nous devons toujours respecter l'histoire de la personne qui continue jusqu'à sa mort. En effet, « mettre fin à la vie de quelqu'un à sa demande ou mettre soi-même un terme à ses jours, c'est arrêter l'histoire d'une personne »[162].
- *Il s'agit ici du respect de l'intégrité et de l'histoire d'une personne* car, « la proximité de la fin, bien loin de rendre insipide et sans signification les jours qui restent à vivre, leur donne de la densité, les ouvre sur une promesse »[163]. Or, « ce que l'euthanasie médicale nie au malade, c'est la connaissance que son histoire personnelle est encore en cours au moment où la faculté d'agir diminue de façon radicale et tragique. Il y a là une originalité anthropologique qui est révélée lorsque les soins sont caractérisés par leur souci de toute la personne »[164].

Nous devons aussi valoriser l'aspect communautaire. Souvent le débat sur l'euthanasie ou la fin de vie met l'accent sur le choix de l'individu de choisir sa mort, mais la dimension sociale est souvent oubliée. L'homme est un être naturellement sociétal, le point de vue de la société joue un rôle très important. La théologie est préoccupée par le souci de la société. La théologie considère le sens de l'existence humaine, personnelle et sociale.

Après ce long parcours sur la considération de la personne humaine, il y a aussi la question moderne de la société : celle de la médicalisation de la mort.

---

[162] H. DOUCET, *Les promesses du crépuscule*, p. 145.
[163] M.L. LAMEAU, *Soins palliatifs*, Paris, Le Centurion, 1994, p. 132.
[164] H. DOUCET, *Les promesses du crépuscule*, p. 146.

3.4.2. Démédicaliser la mort

Nous constatons que, dans la culture moderne, la médecine joue un grand rôle dans la médiation du rapport entre l'homme et la mort.

Or, dans le domaine médical, nous avons connu un changement de vocabulaire, un passage de « l'euthanasie » à « l'aide médicale au suicide ». Mais, malgré ce changement de vocabulaire, l'euthanasie sous la forme d'une aide médicale au suicide n'a pas satisfait. C'est pourquoi, on a remplacé le terme « euthanasie », par l'expression « aide médicale à mourir ». Ce changement de vocabulaire ne fait pas non plus l'unanimité, car le terme a plusieurs significations. De plus, « il n'évoque pas en lui-même l'idée de soutien qui est au cœur de notre proposition »[165].

Cette évolution nous montre le développement rapide de la médecine moderne, qui veut médicaliser l'homme dans toutes ses dimensions. Le monde contemporain s'inscrit dans le rêve moderne « de se rendre maître et possesseur de la nature »[166]. Ainsi, la médecine devient un moyen important d'un nouveau pouvoir de l'homme sur la vie.

La démédicalisation de la mort est aussi appelée la recherche de la mort naturelle. Cette expression a été utilisée autour des années 60-70 pour valoriser la mort naturelle, parce qu'à l'époque, l'expression a conduit à un débat :

> *Les uns admiraient les extraordinaires progrès de la médecine et affirmaient que la vie n'ayant pas de prix (traduction séculière du caractère sacré de la vie), il fallait toujours utiliser ces moyens extraordinaires, alors que pour d'autres, les pratiques du corps médical conduisaient à l'acharnement thérapeutique (expression née à cette époque). Tel fut le débat des années 1960 et d'une partie des années 1970 : il portait aussi bien sur l'entrée de la technique dans le mourir que sur la déshumanisation qu'elle pouvait entraîner*[167].

[165] COMMISSION SPECIALE, *Mourir dans la dignité*, rapport, 2012, p. 78.
[166] R. DESCARTES, *Discours de la méthode*, Méditations, Paris, 1963, p. 74.
[167] H. DOUCET, *La mort médicale est-ce humain* ?, p. 65.

La technique moderne, qui médicalise la mort, est critiquée par certains comme un acharnement thérapeutique. On y oppose que la mort ne doit pas être considérée comme un échec médical, mais comme un phénomène, humain, naturel et inévitable de la vie. En tout cas, l'expression mort naturelle « exprime le désir d'être traité humainement, alors que la vie s'achève »[168].

Quel que soit son état, l'homme ne doit pas être considéré comme un objet qu'on peut manipuler quand on le veut. Il mérite dignité et respect. Une grande question reste celle de savoir, si j'ai le droit de me supprimer ? Une fin de vie programmée est-elle éthiquement, personnellement, socialement acceptable ? Est-ce que je peux faire appel aux médecins pour en finir ?

Pour Doucet, l'éthique médicale repose sur le respect de la vie de la personne malade. C'est pourquoi, l'éthique médicale s'oppose toujours à ce que les soignants prennent part aux activités qui ne relèvent pas des soins. De plus :

> *La moralité interne de la médecine repose aussi sur le fait que les actes de soin ne sont pas des gestes à comprendre uniquement dans le contexte d'une rencontre privée entre deux personnes. Elle s'inscrit dans un cadre plus vaste, celui d'une société qui confie aux professionnels de la santé la responsabilité de soigner. L'existence des ordres professionnels en témoigne. Malgré les prétentions de ceux qui la présentent comme un acte privé, l'euthanasie est fondamentalement un geste social : une société autorise un professionnel à mettre fin à la vie d'une personne souffrante pour son bien. Permettre un tel geste, c'est non seulement changer la nature de la profession médicale, mais aussi élargir le champ des raisons pour lesquelles une société juge acceptable de mettre quelqu'un à mort*[169].

Nous devons reconnaître que la médecine fait face aujourd'hui à de nouvelles questions et sensibilités au centre desquelles on trouve la volonté de l'individu de contrôler sa vie ; sa mort est au centre des préoccupations contemporaines.

[168] H. DOUCET, *La mort médicale est-ce humain* ?, p. 67.
[169] H. DOUCET, *La mort médicale est-ce humain*?, p. 73.

Permettre cette pratique qui médicalise la mort, c'est accepter de changer la nature de la profession médicale, nier son caractère naturel. C'est dégrader la nature de l'homme qui est de naître et de mourir selon la volonté de son créateur.

L'éthique médicale impose d'améliorer les soins de fin de vie. Pendant ce moment difficile, le malade a besoin d'une attention et de soins appropriés. Les soins palliatifs interviennent dans cette logique médicale.

3.4.3. Aider la société à apprivoiser la souffrance et la mort[170]

L'éthicien Doucet aborde aussi la question de la souffrance liée à la mort. Il veut aider la société actuelle à ne pas diaboliser la souffrance de la mort, mais à l'accepter telle qu'elle se présente à nous, car elle fait partie intégrante de nous. Il n'y a pas de vie humaine sans douleur ni souffrance. C'est pourquoi Doucet juge « qu'il y a urgence de réintégrer la question de la souffrance dans nos débats sur la mort »[171].

Pour Doucet, la mort comme la souffrance font partie de la réalité de la vie humaine ; il est nécessaire pour nous de les apprivoiser, et non les bannir comme le souhaite la logique de la médecine moderne. Pour lui, l'homme d'aujourd'hui y compris aussi la médecine moderne, doivent chercher d'abord à comprendre le sens de la souffrance et de la mort dans notre existence. Comme disait Ricœur, « l'homme, c'est la joie du Oui dans la tristesse du fini »[172].

Doucet est conscient de la souffrance et du combat que connaît une personne atteinte d'une maladie incurable. Au lieu de pratiquer l'euthanasie au nom de la dignité ou l'aide médicale au suicide pour mettre fin à ses souffrances, Doucet soutient la position des défenseurs des soins palliatifs qui valorisent la vie en accompagnant la personne malade avec leur savoir-faire, afin que la personne malade et souffrante termine sa vie dans la dignité. Malgré sa souffrance,

---

[170] H. DOUCET, *Les promesses du crépuscule*, p. 151.
[171] H. DOUCET, *Les promesses du crépuscule*, p. 151.
[172] P. RICŒUR, *Philosophie de la volonté. Finitude et culpabilité*, Paris, Aubier, 2009, p. 156.

« l'humain continuera à s'expérimenter digne de vivre et de mourir en sa pleine humanité »[173].

La souffrance d'une personne malade est toujours particulière. On ne doit pas la banaliser, mais il faut tenter grâce aux soins palliatifs d'accompagner la personne malade et de l'entourer des soins jusqu'à la fin de sa vie. Il s'agit ici de l'humanisation de la mort.

> *En l'apprivoisement de cette tragédie pour qu'elle soit moins redoutable. Ce modèle donne lieu à une véritable tension entre l'acharnement thérapeutique et les soins palliatifs. La frontière doit être claire. Pour apprivoiser la mort, ... il faut renoncer à l'acharnement thérapeutique. La question qui surgit alors est celle du sens du déploiement des batteries d'instruments médicaux pour maintenir une personne en état végétatif*[174]

Ai-je le droit de me supprimer ? Une fin de vie programmée est-elle éthiquement, personnellement et socialement acceptable ? Ai-je besoin des médecins pour en finir ?

3.4. 4. Les soins palliatifs et l'accompagnement

La question qui est posée est de savoir si la dignité est favorisée par une mort autonome ou par mort accompagnée ? L'appel aux soins palliatifs intervient dans cette logique, car accompagner la personne en fin de vie ne se limite pas au contrôle de la douleur, mais c'est un accompagnement global, qui tient compte des enjeux éthiques d'une médicalisation du mourir, c'est-à-dire que malgré la situation de la personne, il faut respecter sa dignité dans toutes les dimensions.

Toute la réflexion de Doucet se présente donc comme un plaidoyer pour les soins palliatifs. Pour Doucet, les soins palliatifs visent à préserver la dignité des personnes en fin de vie. Les soins palliatifs sont les « soins destinés à soulager la

---

[173] D. JACQUEMIN, *Mourir dans la dignité : un défi pour l'humain, un lieu pour Dieu ?* p. 12-21.
[174] A. JOACHIN, *L'euthanasie : Du débat social à la réflexion théologique et pastorale*, Cerf (Patrimoine), Paris, 2019, p.81.

souffrance et à assurer le confort plutôt qu'à guérir »[175]. Aujourd'hui, dans plupart des institutions, les gens sont formés comme aides- soignants et soignants avec de bonnes compétences pour aider les personnes en fin de vie à vivre avec sens et dignité la dernière étape de leur vie. C'est le rôle des soins palliatifs. Les soins palliatifs engagent les soignants à mettre leurs énergies, leur intelligence, leur affection au service des malades pour rendre la mort plus digne ou encore, pour utiliser les mots de Doucet, « pour humaniser la mort »[176].

Dans les discussions sur la dépénalisation de l'euthanasie, même si les travaux des commissions au Québec ne font aucune allusion au concept soins palliatifs. Doucet trouve important que la question de mourir dans la dignité implique la problématique des soins palliatifs. Pour lui, la question de mourir dans la dignité implique nécessairement la problématique des soins palliatifs. En effet, la culture palliative cherche à humaniser la mort, en entourant et en accompagnant le mourant jusqu'à son décès.

Toute personne, quel que soit son état, a droit aux soins de fin de vie qui devraient nécessairement comporter les soins palliatifs. C'est pourquoi, au Québec on reconnaît que « tout patient doit pouvoir bénéficier de soins palliatifs dans le cadre de l'accompagnement de sa fin de vie »[177]. Pour Doucet, les soins palliatifs ne doivent pas se comprendre seulement comme un contrôle de la douleur, mais ils sont un accompagnement global, avec des enjeux éthiques en matière de médicalisation du mourir.

Dans les soins palliatifs, « on donne au patient une place centrale : il est au courant de ce qui se passe autour de lui, de ce qui peut lui arriver dans le temps. Dans les soins palliatifs, il n'y a pas que la mort du patient qui s'humanise, c'est tout lui-même qui bénéficie de cette humanisation grâce à l'accompagnement qui est mis

---

[175] H. DOUCET, *Les promesses du crépuscule*, p. 18.
[176] H. DOUCET, *Les promesses du crépuscule*, p. 15.
[177] H. DOUCET, *Les promesses du crépuscule*, p. 45.

en place, grâce au dispositif affectif que la famille envisage pour lui témoigner amour et fidélité »[178].

Conclusion partielle

Les arguments théologiques de Doucet invitent l'homme au respect de la vie humaine. Nous devons considérer la vie comme un bien, une valeur que l'homme a le devoir et la responsabilité de respecter et de faire croître. La responsabilité de l'homme est de la faire croître, mais pas de la supprimer.

Cette autre façon d'interpréter la vie nous pousse à revoir et réajuster notre rapport à la vie. En outre, cela nous questionne même sur la façon dont l'homme moderne respecte la vie des malades qui sont dans la souffrance extrême. C'est dans cette logique qu'il est impératif de demander le respect de la vie.

La question de mourir dans la dignité reste une problématique qui élargit la préoccupation sur l'ensemble des conditions du mourir en valorisant le respect de la personne humaine dans son ensemble et les conditions de fin de vie.

[178] A. JOACHIN, *L'euthanasie : Du débat social à la réflexion théologique et pastorale*, p. 82.

CHAPITRE 4. PARTIE CRITIQUE

INTRODUCTION

Après ce parcours avec Ricot et Doucet, sur la dignité dans le cadre de fin de vie, nous désirons apporter notre contribution à ce débat. Au-delà de l'objectivité et de la subjectivité dans le débat sur la dignité, quelle peut être la contribution d'un théologien ?

Nous subdivisons ce chapitre en deux parties. La première abordera les points de convergence et de divergence entre Ricot et Doucet. Dans la seconde, il sera question de notre attitude relative à la problématique. Nous allons apporter notre contribution sur quatre points : l'euthanasie : la législation et la pratique ainsi que la transgression : appel théologique et éthique à la lumière de la parabole du Bon Samaritain : « va, fais de même ! » (Luc 10,36-37). Enfin, nous proposons une réflexion théologique, pastorale et éthique de l'euthanasie dans la société contemporaine : en quoi, la question de l'euthanasie et de la dignité humaine relève de la morale chrétienne et d'un mandat pastoral ?

4.1. POINTS DE CONVERGENCE ENTRE RICOT ET DOUCET

Parmi les points convergents, nous en retenons quatre : la définition du vocabulaire, la dignité intangible, l'euthanasie et les soins palliatifs.

4.1.1. Définition du vocabulaire

Pour Ricot et Doucet le concept « dignité » comporte plusieurs significations, parfois assez éloignées de la signification première et le sens variant selon l'usage que l'on en fait. Les deux auteurs relèvent deux sens du mot « dignité », qui sont en tension : le sens subjectif, qui renvoie à la responsabilité de la personne qui juge, en fonction de ce qu'elle conçoit comme ce qui rend digne son existence et le sens objectif, qui perçoit la dignité comme la reconnaissance de la valeur inconditionnelle de la nature humaine, dignité reconnue comme absolue: l'être humain possède une dignité du seul fait d'être un humain.

Ricot et Doucet entendent la dignité dans le sens objectif, car pour eux, la notion de dignité fait référence à une qualité indissociable de l'*être* même de l'homme. C'est une valeur intangible[179]. Elle concerne tout être humain du fait même de son existence et indépendamment des qualités morales de l'individu en question : « l'être humain, dès lors qu'il est un humain, est un être digne »[180].

4.1.2. La dignité est intangible

Pour les deux auteurs, la dignité humaine est intangible, car :

> *La dignité humaine ainsi entendue n'est pas une qualité que nous possédons par nature comme telle caractéristique physique ou psychique, elle n'est pas une détermination de l'être humain, elle est le signe de son intangibilité, renvoyant à la valeur absolue accordée à la personne humaine en sa singularité, valeur inconditionnelle qui jamais ne peut être perdue. Nul n'a le pouvoir de renoncer à sa dignité car elle ne dépend ni de l'idée que l'on se fait de soi-même, ni du regard posé par autrui. Elle possède un sens axiologique, car elle est un appel, une exigence adressée à soi-même et à autrui afin qu'elle soit honorée en tout homme*[181].

Dans cette logique, respecter la dignité humaine implique un travail d'accompagnement pour soulager, mais aussi pour protéger la vie humaine et non pas l'arrêter. La dignité *est liée à la nature même de l'homme*. Du fait d'être homme, je suis par *ma nature* un être digne : même les dommages physiques liés à la maladie, à ma situation sociale ou politique, ne peuvent anéantir cette qualité intangible.

4.1.3. Euthanasie

Comme nous l'avons signalé plus haut, les questions sur la dignité sont nées dans le contexte du débat sur la dépénalisation de l'euthanasie au Québec et en France.

---

[179] Cf. J. RICOT, *Éthique du soin ultime*, p. 36.
[180] J. RICOT, *Éthique du soin ultime*, p. 36.
[181] J. RICOT, *Éthique du soin ultime*, p. 41.

Chez Ricot comme chez Doucet le débat sur la dignité est vraiment lié à la question de l'euthanasie : la pratique de l'euthanasie soulève des questions éthiques et théologiques très pertinentes.

Selon eux, l'euthanasie est un geste moralement dégradant étant donné que celui qui le pose est réduit à la catégorie d'un simple instrument ; il devient prisonnier d'une demande. Cette demande entraîne donc l'instrumentalisation d'un autre. Dans le cas de l'euthanasie, l'homme est considéré comme un usurpateur du rôle divin. Or, l'homme doit accepter de se conformer à la loi de la nature, qui l'oriente à la volonté divine. Changer la nature met en opposition à Dieu lui-même. C'est une façon pour l'homme de se comporter en rebelle devant son créateur et de prendre la place de Dieu. La vie est sacrée.

C'est pourquoi Ricot et Doucet proposent plutôt les soins palliatifs.

4.1.4. Soins palliatifs

Ricot et Doucet insistent sur le rôle et la valorisation des soins palliatifs. La question des soins palliatifs est liée à la discussion sur les nouvelles orientations des soins en fin de vie ou sur la volonté de mourir dans la dignité dans le contexte de la France et du Québec.

Nous pouvons dire que « la pratique des soins palliatifs constitue d'abord une prise au sérieux de la personne souffrante en son corps, ce qui renvoie assez aisément au registre chrétien, à toute *une théologie de l'incarnation* : le corps, devenu lieu de Dieu par l'incarnation du Christ, devient le lieu d'une éminente dignité, quelle que soit sa fragilité, son altération »[182]

---

[182] D. JACQUEMIN, « soins palliatifs », dans, E. GAZIAUX, L. LEMOINE et D. MULLER, *Dictionnaire Encyclopédique d'Éthique Chrétienne*, p. 1879-1889.

Les soins palliatifs « s'inscrivent dans une longue tradition de l'hospitalité du registre chrétien développée par de nombreuses congrégations féminines et masculines »[183].

Pour Ricot :

> *Des soins palliatifs produisent parfois des effets curatifs permettant à la nature de trouver des ressources pour rétablir une santé défaillante. Dans l'exercice médical ou paramédical, beaucoup de traitements ne visent pas la guérison mais le confort d'une existence qui peut être encore très longue. On peut être atteint d'un mal incurable et n'être pas en phase terminale*[184].

Les soins palliatifs sont considérés comme le relais des soins curatifs. Le soin curatif est intimement lié au soin palliatif et ce dernier n'est pas exclusivement réservé à la fin de vie. C'est pourquoi, pour Ricot, il existe cinq principes pour les soins palliatifs : « le refus de l'obstination déraisonnable ; le soulagement de toutes les douleurs pour le malade en phase terminale ; l'accompagnement de la personne, qui relève du non-abandon et du devoir de fraternité ; la liberté du patient correctement comprise ; l'interdit de l'homicide »[185].

Dans la même logique Doucet aborde la question des soins palliatifs comme réponse à la problématique de mourir dans la dignité. Son livre, « *La mort médicale, est-ce humain*? », est un plaidoyer pour les soins palliatifs. Un grand plaidoyer visant d'une part, le projet de loi 52 au Québec et d'autre part, la justification de sa position contre la pratique de l'euthanasie.

Doucet est convaincu que certaines personnes ont recours à l'euthanasie parce qu'elles n'ont pas accès à des soins palliatifs de qualité. C'est pourquoi il affirme :

> *Malgré l'hommage que nous leur (aux soins palliatifs) rendons souvent et les témoignages livrés par les familles dont un des membres a vécu ces soins, il est*

---

183 Benoit XVI, *Dieu est amour*, Paris, Cerf, p. 74.
184 J. RICOT, *Éthique du soin ultime*, p. 195.
185 J. RICOT, *Éthique du soin ultime*, p. 196.

clair qu'ils n'arrivent pas à convaincre la société que leur approche rend non nécessaires l'euthanasie et l'aide médicale au suicide comme l'affirment leurs défenseurs[186].

Nous retrouvons cette idée dans l'article 2 de la loi belge du 14 juin 2002, où il était dit : « tout patient doit pouvoir bénéficier de soins palliatifs afin d'optimiser la qualité de vie pour le patient et pour sa famille »[187]. Malgré les points convergents entre les deux auteurs, dans le point suivant, nous allons aussi dégager la divergence.

4.2. POINTS DE DIVERGENCE

Par rapport aux points divergents, nous constatons que la différence est plutôt au niveau du contexte et de la démarche de chaque auteur.

4.2.1. Contexte

Comme nous l'avons signalé, la question sur la dignité humaine chez Ricot et Doucet est développée dans des contextes différents, mais tous deux liés à la dépénalisation de l'euthanasie. Pour Ricot la question est développée dans le contexte français et pour Doucet, le contexte est celui du Québec.

4.2.2. La démarche

- *Démarche de Ricot :* en philosophe éthicien, il a proposé des analyses destinées à éclairer la problématique de la fin de vie, avec une orientation purement philosophique. Il a voulu montrer que la philosophie morale est inévitablement prioritaire dans toutes les questions liées à la fin de vie. Bref, selon lui, la question de l'euthanasie est une question à la fois éthique et politique. C'est dire que la dignité est le fait qu'une personne ne doit jamais être traitée comme un moyen, mais comme une fin.

---

[186] H. DOUCET, *La mort médical est-ce humain*?, p. 33.
[187] LOI RELATIVE AUX SOINS PALLIATIFS, Art 2, 14 juin 2002.

- *Démarche de Doucet* en théologien, il nous propose une démarche théologique sur la question de fin de vie. Il cherche à promouvoir l'homme lorsque la maladie le conduit à la mort. Comment faire au crépuscule d'une existence ? Il met l'accent sur le respect de la vie : la vie est sacrée parce que Dieu en est le maître absolu. Il est marqué par le projet de loi 52 présenté le 29 mai 2009 sur les soins de fin de vie et adopté par l'assemblée nationale du Québec le 3 décembre 2009. Dans le contexte québécois, il pose un questionnement sérieux et rigoureux sur le mourir contemporain ainsi que sur le sens de la mort et de la dignité.

Le projet de loi 52 nous pousse à nous questionner par rapport à nos conceptions, notre culture et surtout nos valeurs. Si évidemment l'homme cherche un sens à donner à sa vie, il cherchera aussi un sens à donner à sa mort, peu importe sa religion.

4.3. CONTRIBUTION PERSONNELLE

Nous sommes convaincus que nous entrons dans un débat difficile, compliqué et même risqué pour un chrétien catholique. Car, « les discours sur l'euthanasie dans tous les milieux sont si nombreux et divergents que tout effort d'y réfléchir est a priori un risque : risque d'être mal compris, risque d'être accusé, d'être réprimandé ou même condamné »[188].

Nous reconnaissons que Ricot et Doucet nous offrent une réflexion de qualité sur l'état des personnes en fin de vie, des soins à leur apporter ainsi qu'à leur famille, la nécessité de faire cesser le manque de dignité en fin de vie. Ricot porte aussi un regard éclairant sur l'état du débat français sur la question et Doucet apporte ainsi un éclairage sur les lacunes du débat qui a eu lieu au Québec.

À notre avis, le travail de deux auteurs, adressé à notre société sécularisée, brosse un portrait intéressant sur la situation de la question de fin de vie. Il est certain que nous qui partageons les mêmes valeurs éthiques et spirituelles qu'eux voyons dans

[188] A. JOACHIN, *L'euthanasie : Du débat social à la réflexion théologique et pastorale*, p. 235.

leurs analyses un outil permettant de renforcer notre position comme chrétien catholique. Leur lecture permet à qui sait contextualiser leurs propos, une très belle réflexion sur l'état des soins palliatifs et sur le travail qu'il reste à faire afin d'améliorer tout ce qui entoure la fin de vie

La lecture de Ricot et Doucet aide à donner un peu de sens à la mort inévitable pour que celle-ci survienne dans le respect de la personne et de son autonomie. Mais la question demeure et me semble être restée intacte malgré la lecture : est-il pertinent d'utiliser le concept de *dignité* pour justifier une demande d'euthanasie ?

Jusqu'alors, nous avons été marqués par la casuistique, c'est-à-dire des cas auxquels il faut répondre. Nous risquons de rester prisonnier d'une éthique des spéculations et des débats qui n'ont finiront pas. Chacun aura les arguments pour défendre sa position et cela nous donne une éthique détachée de la réalité humaine. Nous voulons mettre l'accent sur la personne humaine. Martin Luther disait : celui qui va faire les bonnes œuvres ne doit pas commencer par les œuvres, mais la personne qui fait les bonnes œuvres[189]. Il ne s'agit pas seulement de l'acte, mais de ce qui est de la personne, c'est-à-dire une éthique des vertus qui met l'accent sur la personne.

Nous proposons notre contribution en trois parties. Dans un premier temps, nous voulons rompre avec cette confrontation pour ou contre, mais aborder la question au-delà du subjectif et de l'objectif. La deuxième partie montrera que la législation et la pratique sont deux choses différentes. La troisième partie développera le concept « transgression », comme un appel théologique et éthique à la lumière du bon samaritain : « va et fait de même ». La quatrième partie donnera une réflexion théologique, pastorale et éthique sur l'euthanasie

---

[189] Cf. E. GAZIAUX, *Éthique de la vie*, Notes du cours LTHEO2161, Université Catholique de Louvain, 2017-2018.

4.3.1. Au-delà de l'objectivité et de la subjectivité

Nos deux auteurs donnent un bon aperçu sur l'ensemble de la question des soins palliatifs. Cependant, nous constatons qu'ils nous prennent par la main pour nous faire ratifier leur position. Ils manifestent donc des positions systématiquement négatives sur l'euthanasie et une valorisation des soins palliatifs.

La dignité est donc posée dans le contexte de débats sur la fin de vie, et de la dépénalisation de l'euthanasie. Pour Ricot et Doucet, la problématique de la dignité est liée à la question de l'euthanasie. Les « soins palliatifs » sont privilégiés par les deux auteurs. Tous deux nous laissent l'impression d'un sentiment de parti pris en faveur des « soins palliatifs ». Selon eux, l'euthanasie n'est pratiquée que par manque de connaissance de tout ce que promettent les soins palliatifs.

Cependant, nous pensons que les deux auteurs auraient pu inviter le lecteur à se faire sa propre idée plutôt que de l'amener à entériner leur position. C'est dans cette perspective que nous nous demandons si le véritable rôle d'un éthicien est d'accompagner une pensée ou de lui dicter une orientation ou tendance ?

L'euthanasie, est un sujet complexe, car la question touche le sens de la vie. Elle nous délocalise de nos valeurs, de notre vie et elle renvoie à notre culture et à notre relation avec Dieu.

C'est une question éthique, car il s'agit de faire un choix sur une question grave, celle de prendre la décision de mettre fin à une vie humaine. En d'autres termes, la question éthique se pose du fait qu'il s'agit d'un acte délibéré qui est demandé par un sujet dans une situation de souffrance extrême. Plusieurs personnes sont impliquées soit dans le processus de réflexion, soit dans l'accomplissement même de l'acte. En effet, « le malade n'est jamais une personne isolée, il est toujours partie prenante d'un réseau de relations ; et, lorsque nous le prenons isolément, il ne se laisse jamais réduire à tel ou tel aspect particulier de sa personnalité »[190].

Dans l'euthanasie, le discernement, la décision et le passage à l'acte impliquent plusieurs personnes qui sont autant de sujets éthiques par leur capacité de décider. Le contexte culturel et social de l'homme moderne est celui de la liberté et d'une distance par rapport au caractère objectif des référentiels traditionnels et religieux connus. La finalité du demandeur étant d'obtenir une mort dans la dignité pour mettre fin à la souffrance, les différents moyens empruntés posent également des questions angoissantes. Que faut-il faire ? L'expérience de la mort d'une personne est un lieu de rendez-vous important et de vraie rencontre de la vulnérabilité de la personne humaine.

En somme, la pratique de l'euthanasie demeure un échec et un mal. La mission de théologien est celle d'une présence parce que la mort d'une personne est un moment spirituel. C'est aussi un lieu de rendez-vous avec Dieu. Quelle peut être la mission du théologien ou du pasteur à côté de ceux qui demandent ou pratiquent l'euthanasie tout en étant membre d'une Église qui s'y oppose radicalement ? Dans l'accompagnement physique, moral et spirituel, l'éthique de la détresse et de la promesse n'est-elle pas plus attendue que la rigidité de celle du permis et de l'interdit ? Quelle image de l'homme nous renvoie la personne en situation de demande d'euthanasie ?

4.3.2. Euthanasie : la législation et la pratique

La pratique de l'euthanasie ne correspond pas toujours à ce que la législation exige. Dire et faire sont deux réalités différentes. Ce qu'on dit, il faut aussi le faire. C'est la faiblesse que nous trouvons dans le domaine de l'euthanasie.

---

[190] E. FOURNERET, *Sommes-nous libres de vouloir mourir ? Euthanasie, suicide assisté : les bonnes questions*, p. 20.

Je vais illustrer mon hypothèse par un exemple belge, tiré du rapport de la Commission fédérale de Contrôle et d'Évaluation de l'Euthanasie 2014-2015, publié en 2016 et de celui de 2018 publié le 28 février 2019, document que j'ai analysé au premier chapitre.

La Loi de 2002 par rapport à l'euthanasie impose que la Commission fédérale chargée du contrôle et de l'application de la loi, fasse tous les deux ans un rapport pour le législateur. Le septième rapport de 2014-2015 montre que depuis 2002, 12.726 personnes ont été officiellement euthanasiées en Belgique.

Dans ce rapport, nous constatons une réelle mutation des pratiques, qui n'est pas sans nous interroger sur l'évolution d'un imaginaire social relatif à l'euthanasie. Voici l'évolution du nombre d'euthanasies déclarées.

> *En 2002, on en recensait 24 (4e trimestre) pour passer à 235 (2003), 349 (2004), 393 (2005), 429 (2006), 495 (2006), 704 (2008), 822 (2009), 953 (2010), 1133 (2011), 1432 (2012), 1807 (1013), dont 45 (2012) et 24 (2013) sous directive anticipée, 3950 (2014-2015), dont 67 sous directive anticipée (1,7%). Pour l'année 2015, les morts par euthanasie représenteraient approximativement 2,5% du total des décès en Belgique*[191].

La Commission souligne une grande différence dans les déclarations entre les francophones et les néerlandophones. Du côté francophone 20%, et du côté néerlandophone 80%. On peut se poser la question : pourquoi cet écart ?

Dans le rapport, la Commission avoue qu'elle « n'a pas la possibilité d'évaluer la proportion du nombre d'euthanasies déclarées par rapport au nombre d'euthanasie réellement pratiquées »[192].

---

[191] COMMISSION FEDERALE DE CONTROLE ET D'ÉVALUATION DE L'EUTHANASIE 2014-2015, Belgique, en ligne : https//organesdeconcertation.sante.belgique.be(consulté le 22 mars 2020).

[192] COMMISSION FEDERALE DE CONTROLE ET D'ÉVALUATION DE L'EUTHANASIE 2014-2015, en ligne : https//organesdeconcertation.sante.belgique.be(consulté le 22 mars 2020).

Dans le rapport de 2018, il s'agit des cas enregistrés d'euthanasie entre le 1 janvier 2018 et le 31 décembre 2018[193]. Rappelons que les chiffres et documents qui concernent les années 2018-2019 seront publiés prochainement. Le communiqué de presse de la Commission fédérale de Contrôle et d'Évaluation de 2018, montre que l'euthanasie déclarée atteint le nombre de 2357 en Belgique. Selon le communiqué, le taux d'euthanasie à domicile est plus élevé de 46,8% que dans les hôpitaux, où il est de 36,1%, tandis que le taux d'euthanasies demandées dans les maisons des repos est de 14,3%[194]. Est-ce que ce nombre d'euthanasies à domicile est vraiment contrôlé ? Est-ce que le nombre d'euthanasies déclarées correspond à la réalité ?

On ne peut pas tout résoudre par la loi, il y a toujours des zones d'ombre où le jugement humain doit intervenir. Il faut savoir que les actes humains ne sont pas toujours transparents.

4.3.3. Transgression : appel théologique et éthique à la lumière de la parabole du bon Samaritain : « va, fais de même ! » Luc 10,36-37.

Nous devons préciser que, la transgression est dans le sens de faire le bien au-delà de la loi. Cette parabole est relatée par Jésus comme réponse au légiste qui voulait savoir : qui est mon prochain ? Jésus répond :

> *Il se trouva qu'un prêtre descendait par ce chemin ; il vit l'homme et passa à bonne distance. Un lévite de même arriva en ce lieu ; il vit l'homme et passa à bonne distance. Mais un Samaritain qui était en voyage arriva près de l'homme : il le vit et fut pris de pitié. Il s'approcha, banda ses plaies en y versant de l'huile et du vin, le chargea sur sa propre monture, le conduisit à une auberge et prit soin de lui. Le lendemain, tirant deux pièces d'argent, il les donna à l'aubergiste et lui dit : « prends soin de lui, et si tu dépenses quelque chose de plus, c'est moi qui te le rembourserai quand je repasserai. Lequel des trois, à ton avis, s'est*

[193] Cf. COMMISSION FEDERALE DE CONTROLE ET D'ÉVALUATION DE L'EUTHANASIE (CFCEE), *Euthanasie-chiffres de l'année 2018*, 28 février 2019, 1/4, en ligne :www.erudit.org/en/journals/fr/1900-v (consulté le 28 février 2019).
[194]Cf. COMMUNIQUE DE PRESSE DE LA COMMISSION FEDERALE DE CONTROLE ET D'ÉVALUATION DE L'EUTHANASIE, 1/4.

montré le prochain de l'homme qui était tombé sur les bandits » ? Le légiste répondit : « C'est celui qui a fait preuve de bonté envers lui. » Jésus lui dit : « Va et, toi aussi, fais de même » (Lc 10,31-37).

➢ *Appel théologique*

Selon la parabole, un seul parmi les trois a répondu aux cris de la personne en situation d'abandon. En effet, le prêtre et le lévite ont vu la personne abandonnée à son sort, mais ont préféré rester à distance pour ne pas être souillés ; ce n'est pas pour que la situation ne complique pas leur voyage, c'est plutôt la peur de compromettre les principes de la loi qui les a guidés. Cette parabole nous rappelle la distance que nous prenons souvent par rapport aux cris de l'étranger qui est dans le besoin et nous appelle à son secours.

Le Samaritain vient au secours de cet homme, parce qu'il voit la victime et est plein de compassion. Le Samaritain est touché au plus profond de lui-même. C'est de cette compassion que le prêtre et le Lévite ont manqué : « la perception du prêtre et du lévite se fondait sur des catégories de cadavre et de souillure, si bien que l'évitement semblait naturel. Le prêtre et lévite ne furent pas affectés eux-mêmes par le triste état de l'homme. Toute amorce de sentiments de pitié était neutralisée par la défiance, le dégoût ou la peur ; ou peut-être ne ressentirent-ils rien du tout »[195].

La sensibilité du Samaritain le pousse à être réceptif à la souffrance et à faire quelque chose pour venir en aide à la victime. Il sait que la victime est dans une position de faiblesse. Le Samaritain prend en charge tous les soins, y compris les frais annexes, d'un étranger qui est en même temps considéré comme ennemi de sa tribu.

A première vue, tout dépend de notre considération à l'endroit de celui qui est en difficulté. C'est toute une éthique du visage de l'autre qui est dégagée. Le

[195] W. SPOHN, *Jésus et l'éthique « va et fais de même »*, Bruxelles, Lessius, 2010, p. 141.

Samaritain s'approche de la personne, s'identifie à elle et de cette proximité surgit une relation amicale.

La fin de la parabole me paraît intéressante (Lc 10,36-37). Jésus revient à la question du départ (verset 36) : lequel des trois, à ton avis, s'est montré le prochain de l'homme qui était tombé sur les bandits ? Le légiste répondit au (verset 37) : « c'est celui qui a fait preuve de bonté envers lui ». Jésus lui dit : *« Va et, toi aussi, fais de même. »*

La dernière phrase de Jésus permet au légiste et à chacun de se regarder soi-même, et de s'interroger « Es-tu, toi, un prochain ? »[196]. Ici, Jésus se pose comme la norme concrète et universelle de la morale.

> *Jésus ne dit pas au légiste ce qu'il faut faire en tant que prochain actif et permanent. Cela est plutôt laissé à l'imagination analogique. Le « de même » s'adresse à toute personne pour être monnayé dans des situations diverses. Quiconque peut se servir de son imagination analogique pour se mettre à la place du légiste et dispose d'un nouveau modèle pour regarder les autres. Ce modèle instruit l'imagination, excite notre sympathie au-delà de ses limites confessionnelles et nous appelle à reconnaître que nous avons, nous aussi, reçu des autres et de Dieu une miséricorde imméritée*[197].

À ce niveau, nous pouvons nous poser la question de savoir : quel rapport Jésus entretient avec l'éthique ? Jésus joue ici un rôle normatif. C'est grâce à l'imagination fidèle, nous pouvons penser que l'histoire de Jésus soit exemplaire, Jésus comme guide de notre vie.

Bref, par la phrase « va fais de même », Jésus ne demande pas au légiste d'aller reproduire exactement l'histoire de la parabole, mais renvoie à ce que Wylliam Spohn appelle « imagination analogique » ou « analogie créatrice », c'est-à-dire une action appropriée au problème actuel à la lumière de l'histoire de Jésus. Cette

---

[196] W. SPOHN, *Jésus et l'éthique « va et fais de même »*, p. 143.
[197] W. SPOHN, *Jésus et l'éthique « va et fais de même »*, p. 143.

nouvelle action est analogique parce qu'elle est d'une part la même, et d'autre part différente mais proche de Jésus. Cette invitation de Jésus montre que nous devons user de notre imagination de façon créative, adaptée aux nouvelles situations à la lumière de l'attitude du bon Samaritain.

Le plus important, c'est de voir comment la vie de Jésus peut devenir un paradigme éthique. On reconnaît que l'Évangile n'est pas la seule norme. St. Paul en appelle à la sagesse humaine. Cependant, la vie de Jésus reste la norme fondamentale pour l'identité chrétienne[198].

« Va fais de même ». Jésus ne nous demande pas de copier exactement l'action du bon Samaritain. Il ne nous demande pas non plus d'aller faire ce que nous voulons, il nous invite à vivre de manière créative et fidèle : c'est-à-dire, appliquer notre imagination aux situations nouvelles, à la lumière du Christ. Cela demande fidélité et créativité.

➢ *Appel éthique*

Cette parabole révèle l'éthique des Évangiles. La perception morale : « est l'aptitude active à saisir la signification humaine d'une situation, qui a été réceptifs à la signification au bénéfice ou au détriment des gens »[199]

La parabole du bon Samaritain peut nous éclairer. Sur le chemin du bon Samaritain, il y a un cri, quelqu'un qui appelle au secours, qui nous invite, au risque de la transgression éthique, à un acte de libération. Le prêtre et le Lévite ont raté l'appel humain et la possibilité de rencontrer le blessé qui est l'image de Dieu, et cela par la peur de transgresser la loi. Par contre, l'hospitalité du Samaritain fait le passage de la morale à l'éthique : c'est-à-dire, le passage de règles de conduite à l'action.

---

[198] Cf. E. GAZIAUX, *Éthique de la vie*, Notes du cours LTHEO2161.

[199] W. SPOHN, *Jésus et l'éthique « va et fait de même »*, p. 145.

Cette parabole met en scène un prêtre et un Lévite, attachés à la Loi de Moïse. Il y a quelqu'un le long de la route, tabassé, il crie au secours, mais, de leur part, son cri n'attire aucune réaction, parce qu'on ne peut pas transgresser la loi, qui préconise la pureté rituelle. Par conséquent, ils refusent de venir en aide à une personne en difficulté. Nous pouvons dire que le prêtre et le Lévite « refusent de se laisser déloger de leur chemin habituel, en d'autres mots, de transgresser »[200].

Dans cette parabole, la figure du Christ apparaît dans l'attitude du Samaritain à l'égard du blessé. Cette hospitalité fait le passage de la *morale* à l'*éthique*. Comme pour le Samaritain, nous rencontrons des situations de vie dont il faut assumer le poids. Ce peut être le cas face à la demande d'euthanasie.

Ce faisant, nous ne justifions pas l'euthanasie, ni ne donnons raison à la définition subjective ou de la dignité humaine ; notre position de théologien ou d'éthicien ne doit pas chercher de solution à la place du médecin, mais chercher plutôt ce qui peut donner une approche sensible et humaine de la situation. En effet :

> *Ce constat invite à dire que répondre à une demande de mort, transgresser, n'est habituellement pas considéré et vécu comme adéquation au bien mais tentative éthique de répondre à la singularité d'une situation qui précède et qui, en raison de ses propres enjeux, « contraint » le professionnel à ne pas s'y soustraire. La visée éthique de nommer la transgression consiste en cette capacité de nommer le chemin pour la penser, et éventuellement la vivre, permettant de s'assurer non pas que l'acte lui-même soit « bon ou mauvais » mais que le processus initié soit l'espace et la condition d'une action éthique*[201].

Cette situation conduit nécessairement le théologien en dehors de ce qu'il fait habituellement. Mais le chemin pour arriver au terme est déjà une démarche éthique et théologique inspirée par l'appel d'une personne en souffrance et malade. On doit donc essayer de trouver le bien dans ce qui ne peut pas être le bien,

---

[200] D. JACQUEMIN, « L'euthanasie : un lieu pour le théologien ? ». In C. Ehrwein Nihan, D. Greiner, W. Lesch ; E. Gaziaux (direction), *Paroles de foi et réalités éthiques*, Namur, Lumen Vitae, 2016, p. 15-46.

[201] D. JACQUEMIN, « L'euthanasie : un lieu pour le théologien ? », p. 15-46.

« assurément, visé le bien en mesurant l'ensemble des éléments accessibles en termes de bénéfices, d'effets délétères absolus ou relatifs et que cet acte et cette décision apparaissent comme le moins mauvais à défaut du mieux, voire du bon, le risque de se tromper, sachant que tout a été mis en œuvre pour le minimiser »[202].

L'enjeu est de rencontrer la demande d'autrui. Il faut réfléchir éthiquement sur la situation d'accompagnement d'une personne, guidé par la compassion. La situation me conduit en dehors de mes repères par rapport au bien que j'ai toujours fait. Cette démarche nous met devant la question de la transgression. Il s'agit de répondre à une demande de transgression, réponse qui est vécue comme une tentative éthique. C'est pourquoi, « recourir à la transgression n'a pas pour objectif de dire « cet acte est un mal » « mais bien de reconnaitre que, dans une situation particulière, tel acte me place en dehors de mes repères habituels, de ce qui fait habituellement mon humanité et ma visée professionnelle. D'où le caractère fallacieux de penser l'euthanasie dans le registre habituel du soin et d'en faire un acte de soin semblable à un autre »[203]

Pour cela, il faut laisser une ouverture à la visée du bien pour son accomplissement. En effet, « après l'épreuve de cet acte, le sujet professionnel ne sera plus tout à fait le même mais son intégrité morale ne sera pas remise en cause si, avec d'autres et s'en étant donné les moyens, il fait l'expérience d'avoir répondu au mieux à ce à quoi le sollicitait une situation singulière »[204].

Notre position comme théologien est beaucoup plus concrète et réaliste, par rapport aux équipes soignantes, à la famille et à l'équipe pastorale sollicitée pour l'accompagnement. Le choix de l'euthanasie mérite donc une grande prudence. L'euthanasie doit, selon nous, demeurer l'exception. En réalité, l'euthanasie ne

---

[202] D. JACQUEMIN, N. PUJOL, R. AUBRY, (e.a), *La transgression : une expérience à penser pour construire la visée éthique de certaines pratiques cliniques*, « Médecine palliative », mai 2015, p. 91-97

[203] D. JACQUEMIN, « De l'autonomie à la capacitation, quelle place pour la transgression, jusqu'au pardon ? », DT 122, 3 (2019), p.75-92.

[204] D. JACQUEMIN, « L'euthanasie : un lieu pour le théologien ? », p. 15-46.

peut pas être le lieu du bien. Seuls nous ne pouvons pas y faire face, il faut faire recours à la conscience.

Le choix de l'euthanasie met en conflit plusieurs valeurs éthiques. D'une part, il y a la dignité de la personne et l'autonomie du patient qu'il faut respecter, et d'autre part, la responsabilité et la conscience du soignant. Dans cette situation, le soignant se trouve devant un choix de valeurs et de références. Selon le précepte hippocratique, comme le rappelle Pierre le Coz, « le premier devoir du médecin est de ne pas nuire. Cette maxime ne concerne pas seulement les interventions sur le corps du malade. Son champ d'application s'étend à sa souffrance morale »[205]. Mais la loyauté d'un soignant vis-à-vis de son serment peut subir l'influence positive de l'humanité qui le porte à apaiser la personne en situation de souffrance. La conscience professionnelle et humaine du médecin sera une source d'humanisation et de soulagement du patient. Nous devons le savoir « on respecte les personnes qui doivent vivre cela, mais la réalité de la mort, de la souffrance se trouve gommée de l'horizon social : l'image actuelle de l'homme n'est pas celle de celui qui doit mourir, mais bien celle de celui qui doit vivre, réussir se développer, échapper sans cesse à la maladie »[206].

Avec beaucoup de délicatesse, il est possible de parler d'une éthique de l'acte de transgression, dans la mesure où l'action respecte certaines conditions. L'objectif doit être la visée du bien. La décision et l'action doivent chercher les avantages de cette transgression, la signification de l'acte doit être interrogée dans son aspect social avec le risque de futures répercussions.

Il s'agit d'un travail de discernement. Cela ne signifie pas que nous nous positionnons pour ou contre la loi :

---

[205] P. LE COZ, *Le rapport du soignant à la mort. Approche philosophique et éthique.*, dans HIRSCH E.,(dir.) *Fins de vie, éthique et société,* Toulouse, Éditions Érès, 2012, p. 35-42.

[206] D, JACQUEMIN, *Bioéthique médecine et souffrance*, « jalons pour une théologie de l'échec », Canada, Médiaspaul, p. 45.

Atteste simplement son désir d'une clarté des pratiques professionnelles et sa reconnaissance de la souffrance tant de la personne malade en situation de demande que celle des professionnels qui se trouvent décalés par rapport à leur sens habituel du bien (sens que nous donnons ici au terme de « transgression » : être mis à côté, au-delà de ce qui fait habituellement repère). Cette manière d'ouvrir la parole devrait permettre une pratique la plus transparente possible, quelle que soit la réponse, éviter la stigmatisation de tel ou tel professionnel, quelle que soit sa position, et empêcher les mauvaises conditions de l'action telles qu'elles ont parfois été rencontrées dans certaines institutions[207].

➢ *La notion du pardon*

C'est avec une conscience formée, qu'un médecin chrétien peut inscrire la loi divine dans le contexte de la transgression. Cette approche du pardon peut être considérée comme un acte paradoxal. Effectivement, si le médecin chrétien « est assuré en conscience d'avoir visé « un bien » dans l'acte posé, la résultante d'une inquiétude psychique, spirituelle, voire morale pour certains, n'est-elle pas d'une nécessaire réassurance du clinicien dans le registre de la foi ? »[208].

La situation met souvent le professionnel chrétien, devant ce que Nathalie Sorthou-Lajus appelle « *l'horizon du tragique* », « le sentiment du tragique est lié à cette prise de conscience de l'ambivalence, de la démesure. L'homme de la tragédie découvre au prix d'une longue série d'épreuves qu'il n'est pas celui qu'il croyait être, qu'il est divisé : il désire passionnément la sagesse et il vit dans le plus grand aveuglement, prenant le mal pour un bien, le mensonge pour la vérité. C'est un être foncièrement double, habité par des contradictions insolubles,

[207] Cf. COMMISSION ETHIQUE DU RESEAU SANTE LOUVAIN, *Face à l'euthanasie et à une demande possible dans nos institutions. Pistes de réflexions éthiques de la Commission éthique du Réseau Santé Louvain*, Woluwe, avril 2014:www.researchgate.net/profite/Mrc_Nichmilder/publication/270757528_Le_Reseau_sante_Louvain/links/54b3c7570cf28 ebe92e3535b.pdf (consulté le 28/janvier/2020).

[208] D. JACQUEMIN, « De l'autonomie à la capacitation, quelle place pour la transgression, jusqu'au pardon ? », p. 75-92.

capable de basculer des aspirations les plus nobles au déchaînement d'une violence sans retenue »[209].

Cette confrontation des autonomies, est ce que le professeur Dominique Jacquemin appelle « la grandeur et la malédiction du clinicien » : il répond à une demande qui ne vient pas de lui, et que lui-même n'a pas souhaité rencontrer. Le clinicien fait alors face à cette expérience de la division intérieure, entre les valeurs de sa profession et son identité[210]. Dans cette logique, « l'homme de la tragédie est à la fois agent et victime de son désastre. La tragédie dit l'énigme de l'origine du mal que je commets tout autant que je le subis »[211].

La crise de la confrontation au tragique nous questionne : comment peut-on sortir du tragique ? Cette question nous invite à deux notions : péché et pardon. Par le fait de mettre fin à la vie d'autrui, le médecin tombe dans le péché et désobéit au cinquième commandement : « Tu ne tueras point », même si son acte avait l'intention de faire le bien. C'est à ce niveau qu'une autre personne peut sauver par le pardon. « Ce pardon vient de la reconnaissance d'une blessure que seule la source d'un salut venu d'ailleurs pourra panser et dont, par moi seul, je ne peux m'assurer »[212]

Avec la présence de l'aubergiste, dans la parabole du Bon Samaritain, qui accepte de garder l'homme blessé, et le Samaritain qui ne reviendra que plus tard pour rembourser, intervient la notion de l'altérité et de la temporalité.

Il s'agit dès lors de reconnaître que « le salut ne vient ni de l'acte, ni de soi, mais d'un Autre…il s'agit de rendre compte à soi-même devant soi-même et devant

---

[209] N. SARTHOU-LAJUS, « Éloge du tragique », dans S. Germain, E. LASIDA, A. LECU, V. MARGRON, *cinq éloges de l'épreuve*, Paris, Albin Michel, p.44 cité par D. Jacquemin dans « de l'autonomie à la capacitation, quelle place pour la transgression, jusqu'au pardon ? », p. 87.

[210] Cf. D. JACQUEMIN, « De l'autonomie à la capacitation, quelle place pour la transgression, jusqu'au pardon ? », p. 75-92.

[211] N. SARTHOU-LAJUS, « Éloge du tragique », dans S. Germain, E. LASIDA, A. LECU, V. MARGRON, *cinq éloges de l'épreuve*, p. 53.

[212] D. JACQUEMIN, « De l'autonomie à la capacitation, quelle place pour la transgression, jusqu'au pardon ? », p. 75-92.

Dieu, en conscience et face à l'autre, pour le maintenir dans l'horizon d'un acte éthique »[213].

4.3.4. Risquer une réflexion théologique, pastorale et éthique sur l'euthanasie

La question de l'euthanasie n'est pas seulement une question de mort, c'est d'abord et avant tout une question de vie et de valeurs. Le point de départ est parfois un mauvais jugement que l'on porte sur la vie qui va ouvrir la porte de la mort[214].

Nous sommes convaincus que c'est par la vie qu'il faut commencer la réflexion sur l'euthanasie. La vie en tant que grâce, reste un mystère. Dans cette perspective, « elle nous précède, elle nous dépasse… Sa sacralité l'élève et nous élève aussi »[215]. C'est pourquoi, notre façon de nous comporter face à cette vie, mérite beaucoup d'admiration et de respect. Notre vie comme celle de l'autre restent une richesse à promouvoir avec vénération.

La parabole des talents nous montre justement notre responsabilité de faire fructifier la vie en nous, de l'achever et de la rendre de plus en plus digne de son origine (Matthieu 25,14-30). Dans l'Ancien ou dans le Nouveau Testament, la défense de Dieu pour la vie est claire. Partout où la vie est menacée, les Écritures nous montrent un Dieu qui se sent concerné (Gn 1 et 2 ; Exode 20,1-11 ; Luc 4,38-40 ; 7,11-17 ; Matthieu 9, 18-27).

Risquer une réflexion théologique sur l'euthanasie, c'est avouer le conflit ou la contradiction entre la loi des hommes qui autorise, dans certaines circonstances, à mettre fin à la vie d'une personne, et la loi de Dieu qui interdit le meurtre.

Pour l'avenir de la théologie morale dans le contexte de la demande de l'euthanasie, il faut penser une éthique clinique qui fait appel à l'exigence d'une

---

[213] D. JACQUEMIN, « De l'autonomie à la capacitation, quelle place pour la transgression, jusqu'au pardon ? », p. 75-92.

[214] Cf. A. JOACHIN, *L'euthanasie : Du débat social à la réflexion théologique et pastorale*, p. 215.

[215] A. JOACHIN, *L'euthanasie : Du débat social à la réflexion théologique et pastorale*, p. 217.

théologie incarnée, qui montrerait en quoi l'amour de Dieu structure l'agir et la vie du croyant. Ce qu'il faut promouvoir ici c'est la solidarité humaine. Dans ce sens, le professeur Dominique Jacquemin considère la demande de l'euthanasie comme un lieu d'essai de solidarité et de fraternité.

> *L'enjeu de ce chemin serait, malgré tout le soutien thérapeutique et l'accompagnement, de faire ce constat d'échec qu'il n'est plus possible avec et pour autrui et l'enjeu est tel qu'il faut ici risquer l'impossible de pouvoir lui faire expérimenter que la « vie est bonne », telle que voulue par Dieu* [216].

Le principal enjeu qui est pour nous un défi, c'est « l'écoute ». L'écoute sur le plan pastoral est une réponse fraternelle à une question compliquée. C'est ce qui s'est passé dans le récit du bon Samaritain. Le Samaritain a sauvé la vie par charité, ouverture et la sollicitude. Ces attitudes peuvent être l'idéal pour une démarche pastorale aujourd'hui. Cela montre comment la Parole de Dieu nous invite à témoigner du mystère de la vie. Elle nous invite au devoir de sollicitude, d'écoute et d'accompagnement là où retentissent les cris de détresse. Il s'agit ici d'être sensible par rapport à la vulnérabilité humaine qui peut, dans notre contexte, exiger une parole à risquer face à l'euthanasie.

L'accompagnement est considéré comme élément éthique lors d'une demande d'euthanasie. L'éthique de la sollicitude permet de « ressusciter » des valeurs anciennes rejetées par la société moderne.

> *Nous avons choisi l'accompagnement comme geste à partager entre tous les sujets humains (le personnel soignant, la famille, les amis ; nous pourrions ajouter ses réseaux : l'Église, groupe laïc...) qui circulent autour de la personne soumise aux dures lois de la souffrance. Ce choix convoque alors la nécessité de solidarité, d'attention, de respect, de don... Bref, un projet éthique concret*[217].

---

[216] D. JACQUEMIN, cité par A. JOACHIN, *L'euthanasie* : *Du débat social à la réflexion théologique et pastorale,* p. 229.

[217] A. JOACHIN, *L'euthanasie* : *Du débat social à la réflexion théologique et pastorale,* p. 139.

C'est une éthique qui valorise la solidarité, la présence, l'action gratuite, comme un chemin de sens pour tous. Cette vision s'oppose à la logique que seule la technique et la science suffiraient à l'homme souffrant. C'est pourquoi, face à l'épreuve de la maladie grave, nous pensons que la sollicitude et l'accompagnement sont deux éléments clés pour une éthique de la prise en charge du patient.

L'éthique de la sollicitude qui marque notre réflexion est construite par rapport aux notions de l'affection, de l'attention, du soin, de la fraternité, de la solidarité.

> *La sollicitude est une attitude humaine déployée dans un contexte où autrui a nécessairement besoin d'aide, d'assistance, pour se tirer d'une situation difficile ou périlleuse. Elle manifeste un geste de responsabilité, mobilisé par l'urgence qui s'exprime à travers la condition de l'autre qui réclame affection, tendresse, solidarité, humanité ; bref qui exige une présence, une intervention humanisante et empathique*[218].

Ainsi, nous pouvons définir l'accompagnement comme :

> *Une démarche humaine, respectueuse, généreuse, gracieuse, dont le but ultime est de révéler à autrui la permanence de sa dignité par la preuve de la fidélité. Autrement dit, il est un double acte : acte de reconnaissance de l'humanité de l'autre, de l'immensité de son identité, de ses valeurs malgré sa démolition par la souffrance ; acte de confiance en cette humanité dont on est solidaire ; à laquelle on se joint, on offre son soutien. En accompagnant à ce niveau-là, on professe : je crois en l'autre même lorsqu'il devient autre. Il est digne d'alliance, de tendresse, d'amour et de don. L'accompagnement est du coup, l'expression la plus lisible de la fidélité en l'humanité de l'autre*[219].

Par opposition à la mort médicale, nous proposons une mort socialisée, dont les conditions sont protégées par l'accompagnement et l'éthique de la sollicitude. Devant la souffrance de la maladie, l'orientation médicalisée est toujours

---

[218] A. JOACHIN, *L'euthanasie : Du débat social à la réflexion théologique et pastorale,* p. 143.
[219] A. JOACHIN, *L'euthanasie : Du débat social à la réflexion théologique et pastorale,* p. 149.

insuffisante. C'est pourquoi, il est important d'associer certaines valeurs éthiques. Dans ce contexte de la maladie grave, l'accompagnement est « une sauvegarde du patrimoine identitaire de la personne reconnue comme un être holistique »[220]. L'accompagnement en fin de vie, c'est le fait de reconnaître les droits, l'histoire de la personne à l'épreuve de la maladie.

Ainsi, la dignité de l'homme en fin de vie et le souhait d'une mort digne s'unissent dans la relation et l'accompagnement. La valeur de notre accompagnement de la fin de vie nous interroge sur la grandeur que nous accordons à la vie, à la vie de l'autre, ainsi qu'à notre qualité de relation à l'autre. « Notre dignité personnelle s'ancre dans la relation. Tuer, c'est interrompre une relation. C'est briser ce qui nous constitue »[221]. Vivre, c'est être relation.

Devant la mort, l'accompagnement reste pour nous une solution pastorale, éthique, de grande valeur, parce qu'il est témoignage d'humanité et de fraternité.

Nous croyons que « l'être humain doit s'en tenir au fait que la vulnérabilité n'est pas un accident, ni une malédiction. Elle est constitutive de l'humaine condition. Si nous assumons cette réalité, cela nous permettra d'affronter l'autre avec un autre regard sur la vie en général et la nôtre en particulier »[222]. Cette vie est considérée comme un ministère ou encore une mission que nous devons accomplir : « Dieu maître de la vie, a confié aux hommes le noble ministère de la vie, et l'homme doit s'en acquitter d'une manière digne de lui »[223].

Quelle que soit la souffrance, quel que soit l'état de la maladie, la dignité reste intacte. Car, « dans la maladie, sous le choc de puissances dont la maîtrise nous échappe et nous devient étrangère, l'impression est souvent d'avoir atteint le fond

---

[220] A. JOACHIN, *L'euthanasie : Du débat social à la réflexion théologique et pastorale,* p. 163.
[221] A. JOACHIN, *L'euthanasie : Du débat social à la réflexion théologique et pastorale,* p. 23
[222] A. JOACHIN, *L'euthanasie : Du débat social à la réflexion théologique et pastorale,* p. 32
[223] *Gaudium et Spes* 51, §3

du puits, de n'être plus que l'objet de nous-mêmes. Dans cette opacité, la dignité devient notre seul recours concevable, pour ainsi dire notre seul atout »[224].

Conclusion partielle

La problématique de la dignité dans le contexte de fin de vie est une question complexe et grave parce qu'elle touche le sens de la vie humaine. Le choix de l'euthanasie n'est pas seulement un défi social de santé publique dans le monde moderne, il a aussi une dimension éthique et théologique car il touche la personne et son environnement dans toutes ses dimensions.

La question de l'euthanasie n'est pas seulement une question de mort, c'est d'abord et avant tout une question de vie et de valeurs.

L'enjeu est la rencontre avec autrui. Cette rencontre est un lieu éthique qui permet le déploiement de la dignité. Nous devons prendre en considération la personne dans sa totalité. Cette attention à la personne passe souvent au deuxième plan. Les cris d'une personne en situation de détresse nous mettent devant un appel éthique à la lumière du bon Samaritain.

La dignité de l'homme en fin de vie et le souhait d'une mort digne, nous invite au devoir de sollicitude, d'écoute et d'accompagnement.

---

[224] E. HIRSCH, *L'éthique à l'épreuve de la maladie grave* : confrontation au cancer et à la maladie de l'Alzheimer, Paris, Vuibert, 2005, p.19.

CONCLUSION GENERALE

La question de la fin de vie n'est pas une nouveauté de la période de postmodernité. Elle a été posée depuis l'Antiquité. Aujourd'hui, elle est posée différemment à cause des progrès des techniques biomédicales.

La question de l'euthanasie interroge notre propre perception de la dignité humaine. Chacun se trouve face à la question du sens et de la dignité de la mort. La dignité constitue l'ossature conceptuelle la plus sollicitée pour parler et réfléchir sur l'euthanasie.

Si on nous permet cette métaphore, « la dignité est alors comparable à une arme identique qui se trouve entre les mains de deux camps ennemis, chacun l'utilise pour se défendre et protéger ses intérêts »[225]. Pour les uns, le fait de choisir le moment de sa mort pour éviter la souffrance et la dégradation signifie la mort dans la dignité. C'est ce que nous avons appelé la dignité subjective. Et pour les autres, la dignité est considérée comme la reconnaissance de la valeur inconditionnelle de la nature humaine, « quelque chose est dû à l'être humain du fait qu'il est humain »[226]. C'est ce que nous avons appelé la dignité objective.

En s'inspirant de Jacques Ricot et Hubert Doucet nous avons apporté notre contribution philosophique et théologique. Nous soutenons que la dignité de l'homme tient à son humanité.

Nous pensons que la mort par euthanasie n'est pas une mort digne, car la dignité est le fait que la personne ne doit jamais être traitée comme un moyen, mais comme une fin. L'homme ne doit pas prendre la place de Dieu, la vie est sacrée et un don de Dieu.

---

[225] A. JOACHIN, *L'euthanasie : Du débat social à la réflexion théologique et pastorale*, p. 176.
[226] P. RICŒUR, *Les enjeux de droit de l'homme*, in (J.K. de Raymond), Paris, Larousse, 1988, p. 237.

Pour une question aussi complexe que celle de la dignité humaine dans le contexte de fin de vie, nous avons choisi de ne pas réduire la question à une approche binaire, c'est-à-dire adopter une position pour ou contre l'euthanasie. Nous n'avons pas voulu donner une approche partisane, car le problème mérite mieux. Mais, nous avons préféré présenter la complexité de la question. Dans l'accompagnement physique, moral et spirituel, l'éthique de la détresse et de la promesse n'est-elle pas plus attendue que la rigidité de celle du permis et de l'interdit ?

Quelle image de l'homme nous renvoie la personne en situation de demande d'euthanasie ? La question de l'euthanasie n'est pas seulement une question de mort, c'est aussi d'abord et avant tout une question de vie et de valeurs. Notre façon de nous comporter face à la vie demande respect et admiration. L'accompagnement est selon nous, l'expression la plus lisible de la fidélité en l'humanité de l'autre. C'est un élément éthique dans le débat sur l'euthanasie. Une éthique qui valorise certaines valeurs, comme la sollicitude et la présence.

Devant la mort, l'accompagnement reste pour nous une solution pastorale, éthique de grande valeur, parce qu'il est témoignage d'humanité et de fraternité.

BIBLIOGRAPHIE

➢ Livres-format imprimé

DE ROMANET Roseline, *La mort est une affaire spirituelle. Une infirmière en soins palliatifs*, Paris, Salvator, 2015.

DOUCE Hubert, *Mourir : Approches bioéthiques*, Paris, Desclée de Brouwer, 1988.

DOUCET Hubert, *Au Pays de la bioéthique : l'éthique biomédicale aux États Unis*, Genève, Labor et Fides, 1996.

DOUCE Hubert, *Les promesses du crépuscule*, « *réflexions sur l'euthanasie et l'aide médicale au suicide* », Québec, Labor et Fides, 1998.

DOUCE Hubert, *L'éthique clinique : pour une approche relationnelle dans les soins*, Montréal, P.U.M, 2014

DOUCET Hubert, *La mort médicale est-ce humain?*, Québec, Médiaspaul, 2015.

FOURNERET Éric, *Sommes-nous libres de vouloir mourir ? Euthanasie, suicide assisté : les bonnes questions*, Albin Michel, Paris, 2018.

HOLCMAN Robert, *Inégaux devant la mort. « Droit à mourir » : l'ultime injustice sociale*, Paris, Dunod, 2015, 200 p.

JACQUEMIN Dominique, *Bioéthique médecine et souffrance « jalons pour une théologie de l'échec »,* Montréal, 2002.

JACQUEMIN D., DE BROUCHER D. (coord.), *Manuel de soins palliatifs*, Paris, Dunod, 2014.

JACQUEMIN Dominique, *Besoins spirituels. Soins, désir, responsabilités* (Coll. Soins & Spiritualités n°7), Namur, Lumen vitae, 2016.

JACQUEMIN Dominique, (dir.), *Sédation, euthanasie. Éthique et spiritualité pour penser…* (Trajectoires n°30), Namur, Lumen vitae, 2017.

JOACHIN, Aduel, *L'euthanasie, Du débat social à la réflexion théologique et pastorale*, Paris, Cerf, (Patrimoine), 2019.

LAMEAU Marie Louis, *Soins palliatifs*, Paris, Le Centurion, 1994

NKULU KABAMBAOlivier, *L'accompagnement spirituel à l'euthanasie. Ouvertures et fermetures*, Paris, Academia/L'Harmattan, 2014.

RICŒUR Paul, Les *enjeux de droit de l'homme*, in (J.K. de Raymond), Paris, Larousse, 1988

RICŒUR Paul, *Philosophie de la volonté. Finitude et culpabilité*, Paris, Aubier, 1988.

RICOT Jacques, *Philosophie et fin de vie*, Paris, ENSP, 2003.

RICOT Jacques, *Éthique du soin ultime*, Paris, Presses de l'EHESP, 2010.

RICOT Jaques, *Du bon usage de la compassion*, Paris, Puf, 2013.

RICOT Jacques, *Peut-on encore penser l'étranger comme un hôte*?, Paris, M-Editer, 2015.

SPOHN William C., *Jésus et l'éthique « va et fais de même »*, Bruxelles, Lessius, 2010.

VERSPIEREN Patrich, *face à celui qui meurt « euthanasie, acharnement thérapeutique, accompagnement »*, Paris, Desclée de Brouwer.

➢ Articles et revues-format imprimé

COMITE CONSULTATIF BIOETHIQUE DE BELGIQUE, Avis n°73 du 11 septembre 2017 concernant l'euthanasie dans les cas de patients hors phase terminale, de souffrances psychiques et d'affections psychiatriques, *CCBB, Bruxelles, 2015.*

CONGREGATION POUR LA DOCTRINE DE LA FOI, *Déclaration sur l'euthanasie, dans Documentation catholique*, 20 juillet 1980, n°1790, p. 697-700

COMMISSION ETHIQUE DU RESEAU SANTE LOUVAIN, *Face à l'euthanasie et à une demande possible dans nos institutions. Pistes de réflexions éthiques de la Commission éthique du Réseau Santé Louvain*, Woluwe, avril 2014.

COMMISSION DE L'ETHIQUE DE LA SCIENCE ET DE LA TECHNOLOGIE, *« mourir dans la dignité »*, Québec, 2010.

DOUCET Hubert « *l'euthanasie, un concept piégé* », Frontière, Vol.3, n 1, 1990, p.6-10

DOUCET Hubert « *L'euthanasie : une solution boiteuse à un problème véritable* », Revue médicale de la Suisse romande, Vol.117, 1997, p.205-211

JACQUEMIN Dominique, « Mourir dans la dignité : un défi pour l'humain, un lieu pour Dieu », in A.-M. Dillens et B. Van Meenen (sous la direction de), *La dignité aujourd'hui. Perspectives philosophiques et théologiques*, Bruxelles, Facultés Universitaires Saint Louis, 2007, p. 185-214.

JACQUEMIN Dominique, « Des modifications de la loi belge du 28 mai 2002 relative à l'euthanasie… Jusqu'où faut-il aller au nom de nos craintes et d'une maîtrise de l'existence ? », *Revue d'éthique et de théologie morale*, n°280, août-septembre 2014, p. 53-74.

JACQUEMIN Dominique, PUJOL N., AUBRY R., CHOTEAU B., DESMEDT M., GUIRIMAN F., JOBIN G., KABEY F., LEBOUL D., MALLET D., VIALLARD M.-L., RICHARD J.-F., La transgression : une expérience à penser pour construire la visée éthique de certaines pratiques cliniques, *Médecine palliative*, vol 14, n°2, mai 2015, p. 91-97.

JACQUEMIN D., RODRIGUES P., Pertinence du recours au concept de transgression face aux nouvelles situations de fin de vie, *Ethics, Medicine and Public Health*, 2015, n°1, p. 424-430.

- **Articles et revues-format électronique**

COMMISSION ETHIQUE DU RESEAU SANTE LOUVAIN, *Face à l'euthanasie et à une demande possible dans nos institutions. Pistes de réflexions éthiques de la Commission éthique du Réseau Santé Louvain*, Woluwe, avril 2014, en ligne:

www.researchgate.net/profite/Mrc_Nichmilder/publication/270757528_Le_Reseau_sante_Louvain/links/54b3c7570cf28 ebe92e3535b.pdf (consulté le 28/janvier/2020).

La déclaration des évêques de Belgique sur l'euthanasie et la souffrance psychique, en ligne : www. Cathobel. Be 22/05/2017 (consulté le 6/08/2018) .

COMMISSION FEDERALE DE CONTROLE ET D'ÉVALUATION DE L'EUTHANASIE 2014-2015, Belgique, en ligne : https//organesdeconcertation.sante.belgique.be(consulté le 22 mars 2020).

COMMISSION FEDERALE DE CONTROLE ET D'ÉVALUATION DE L'EUTHANASIE (CFCEE), *Euthanasie-chiffres de l'année 2018*, 28 février 2019, 1/4, en ligne : www.erudit.org/en/journals/fr/1900-v(consulté en ligne, 28 février 2019).

LOI RELATIVE A L'EUTHANASIE DU 28 MAI 2002, chapitre1. art.3, en ligne : https//www.health.belgium.be(consulté 22 Mai 2019)

COMMISSION SPECIALE SUR LA QUESTION DE *MOURIR DANS LA DIGNITE*, mars 2010 : http://www.assnat.qc.ca/fr/travaux (consulté en ligne 12 mars 2019)

COMITE CONSULTATIF DE BIOETHIQUE DE BELGIQUE, *« concernant l'opportunité d'un règlement légal de l'euthanasie »,* du mai 1997, Avis n 1, p.1, en ligne : https://www.belgium.be(consulté le 22Mars 2020)

➤ **Articles d'encyclopédies, des dictionnaires ou d'ouvrages collectifs**

DOUCET, « Euthanasie », dans, E. GAZIAUX, L. LEMOINEetD. MULLER, *Dictionnaire Encyclopédique d'Éthique Chrétienne*, p.905-910

JACQUEMIN Dominique, article « Douleur-souffrance », Gaziaux E., Lemoine L., Müller D. (dir), *Dictionnaire encyclopédique d'éthique chrétienne*, Paris, Cerf, 2013, p. 640-648.

JACQUEMIN Dominique., EHRWEIN Nihanc., GREINED D., LESCH W. sous la direction de GAZIAUX E., *Paroles de foi et réalités éthiques. Quelles voies et quelles voix ?* (Trajectoires n°26), Namur, Lumen Vitae, 2016.

TABLE DES MATIERES

Printed by Books on Demand GmbH, Norderstedt / Germany